人民法院依法服务保障疫情防控和经济社会发展

司法文件及典型案例汇编

最高人民法院办公厅　编

人 民 法 院 出 版 社

图书在版编目（CIP）数据

人民法院依法服务保障疫情防控和经济社会发展司法文件及典型案例汇编 / 最高人民法院办公厅编. --北京：人民法院出版社，2020.10
ISBN 978-7-5109-2940-3

Ⅰ.①人… Ⅱ.①最… Ⅲ.①法律—文件—汇编—中国 Ⅳ.①D920.9

中国版本图书馆CIP数据核字（2020）第180010号

人民法院依法服务保障疫情防控和经济社会发展司法文件及典型案例汇编
最高人民法院办公厅 编

责任编辑 王 畅 郝 珊
封面设计 天平文创视觉设计
出版发行 人民法院出版社
地 址 北京市东城区东交民巷27号（100745）
电 话 （010）67550586（责任编辑） 67550558（发行部查询）
65223677（读者服务部）
客服QQ 2092078039
网 址 http：//www.courtbook.com.cn
E－mail courtpress@sohu.com
印 刷 北京瑞禾彩色印刷有限公司
经 销 新华书店

开 本 787毫米×1092毫米 1/16
字 数 129千字
印 张 11
版 次 2020年10月第1版 2020年10月第1次印刷
书 号 ISBN 978-7-5109-2940-3
定 价 49.00元

目 录 CONTENTS

第一部分 司法文件

第二部分　典型案例

第三部分　附　录

前　言

新冠肺炎疫情发生以来，在以习近平同志为核心的党中央坚强领导下，最高人民法院认真学习贯彻习近平总书记关于统筹疫情防控和经济社会发展工作的一系列重要讲话、重要指示精神，坚决贯彻党中央决策部署，把疫情防控工作作为最重要的工作来抓，增强"四个意识"、坚定"四个自信"、做到"两个维护"，坚持稳中求进工作总基调，毫不松懈抓紧抓实抓细疫情防控各项措施落实，大力弘扬伟大抗疫精神，制定出台系列司法服务保障举措，指导各级法院围绕做好"六稳"工作、落实"六保"任务，依法公正高效审理各类案件，充分发挥审判职能作用，在法治轨道上保障人民群众生命安全和身体健康、经济社会秩序全面恢复，促进常态化疫情防控中全面推进复工复产达产，为坚决打赢疫情防控人民战争、总体战、阻击战，确保实现决胜全面建成小康社会、决战脱贫攻坚目标任务提供有力司法服务和保障。

一、深入学习贯彻习近平总书记重要讲话精神，切实增强做好疫情防控工作的责任感和使命感

最高人民法院坚持以习近平新时代中国特色社会主义思想为指导，深

入学习贯彻习近平总书记在中央政治局会议、中央政治局常委会、中央全面依法治国委员会第三次会议、中央全面深化改革委员会第十二次、第十三次会议、统筹推进新冠肺炎疫情防控和经济社会发展工作部署会议、全国抗击新冠肺炎疫情表彰大会和在北京、湖北、浙江、陕西等地考察时的重要讲话精神，结合法院工作实际，狠抓贯彻落实，确保习近平总书记重要讲话、重要指示在人民法院得到不折不扣贯彻执行。对标对表党中央决策部署，因时因势调整工作着力点和应对举措，切实找准司法工作结合点、切入点，研究出台一系列政策措施。加强审判指导和监督，指导各级法院切实加强审判执行工作，依法审理影响疫情防控和社会稳定的各类犯罪案件，妥善处理各类涉疫矛盾纠纷，着力加强复工复产司法保障工作，充分运用智慧法院建设成果满足人民群众司法需求，以扎扎实实审判执行成效服务疫情防控和经济社会发展大局。

二、依法严惩涉疫犯罪，坚决维护国家安全和社会稳定

最高人民法院加大对涉疫犯罪惩治力度，召开全国法院依法惩处妨害疫情防控犯罪工作会议，发布三批 26 个依法惩处妨害疫情防控犯罪典型案例，加强审判指导，要求各级法院依法严惩扰乱医疗秩序、防疫秩序、市场秩序、社会秩序等违法犯罪行为，充分发挥刑罚震慑作用，切实保障人民群众生命安全和身体健康，保障社会安定有序，保障疫情防控工作顺利开展。

依法严惩妨害疫情防控犯罪。会同有关部门出台《关于依法惩治妨害新型冠状病毒感染肺炎疫情防控违法犯罪的意见》，依法从严从快惩处抗拒检疫隔离措施、故意隐瞒症状传播病毒、制售假冒伪劣防疫物资、假借

售卖口罩诈骗、哄抬熔喷布价格、编造虚假疫情信息、非法捕杀野生动物等各类涉疫犯罪，坚决维护公共卫生安全和社会安定。截至2020年6月底，各级法院共审结相关案件1535件。坚持以事实为根据、以法律为准绳，准确把握涉疫案件罪与非罪、违法与犯罪、此罪与彼罪界限，严把案件事实关、证据关和法律适用关，努力实现政治效果、法律效果和社会效果的有机统一。湖北崇阳县法院依法判处拒不配合疫情防控管理暴力袭警被告人有期徒刑一年三个月，云南红河哈尼族彝族自治州中院依法判处杀害两名防疫卡点工作人员被告人死刑，捍卫防疫工作人员生命健康安全，保障疫情防控措施落地。浙江杭州等地法院依法重判利用口罩等防疫物资实施诈骗的被告人，坚决打赢“口罩保卫战”。

切实加强医务人员安全司法保障。会同国家卫生健康委等单位出台《关于做好新型冠状病毒肺炎疫情防控期间保障医务人员安全维护良好医疗秩序的通知》，严厉打击7类涉医违法犯罪行为，为医护人员和广大患者创造良好诊疗环境。严惩暴力伤害、侮辱恐吓诽谤医务人员、故意撕扯医用防护装备、非法限制医务人员人身自由等犯罪，依法加快审理进度，该判处重刑的坚决判处重刑，该判处死刑的坚决判处死刑。发布8个人民法院依法惩处涉医犯罪典型案例，阐明人民法院对涉医犯罪“零容忍”的鲜明态度和立场，维护医疗秩序、保障医务人员安全。湖北武汉硚口区法院、广东广州越秀区法院以寻衅滋事罪，分别对疫情期间在隔离病区内撕扯医生防护服、在定点收治医院用注射器挟持、恐吓医护人员，致医护人员受伤且严重影响医疗秩序的两名被告人予以严惩，形成有力震慑。北京三中院依法判处杀害北京民航总医院医生被告人孙文斌死刑，甘肃兰州中院依法判处杀害兰州五洲皮肤病医院医生被告人员明军死刑，严惩暴力伤医犯罪分子，保障“最美逆行者”生命健康安全。

依法保障严防境外疫情输入措施落实。会同有关部门出台《关于进一步加强国境卫生检疫工作依法惩治妨害国境卫生检疫违法犯罪的意见》，严防疫病疫情跨境传播。针对境外输入性风险，加大对妨害传染病防治罪打击力度，严惩因故意隐瞒出入境或疫情高发地区旅居史又拒不执行隔离规定、造成疫情扩散重大风险的犯罪，坚决维护来之不易的疫情防控成果。河南郑州二七区法院依法判处疫情期间出国观看足球赛、回国后故意隐瞒出境史且不执行隔离规定，致 43 人被隔离的郭某鹏有期徒刑一年六个月，让无视疫情防控、无视法律法规的犯罪分子承担法律后果。

三、充分发挥司法促发展、稳预期、保民生作用，服务保障全面推进复工复产达产

最高人民法院聚焦涉疫情民商事纠纷处理中的难点，出台司法政策措施，指导各级法院充分发挥司法化解矛盾、定分止争的功能，公平公正、及时高效处理涉经济运行、复工复产、民生保障、劳动就业等纠纷，努力为保障经济社会良性运转保驾护航。

完善依法服务保障复工复产政策措施。最高人民法院院长周强多次主持专题会议研究部署代表建议、政协提案办理工作，率队走访全国工商联、民革中央、民盟中央等，深入调研市场主体司法需求，提高司法政策措施的前瞻性、主动性，依法服务保障实体经济特别是中小微企业发展。最高人民法院认真落实《关于政法机关依法保障疫情防控期间复工复产的意见》，围绕涉疫情民事、商事、涉外商事海事和执行案件连续出台 4 个指导意见，联合司法部、文化和旅游部发布依法妥善处理涉疫情旅游合同

纠纷有关问题的通知，明确裁判规则，指导各级法院妥善处理相关纠纷，为企业恢复生产、持续发展创造条件，力求将各方当事人损害降到最低，将疫情对市场秩序的影响降到最低。发布三批31个服务保障复工复产典型案例，围绕涉诉企业复工复产中的实际困难，充分发挥典型案例的示范指导作用，促进稳定社会预期。坚决依法纠正个别单位仅以劳动者是新冠肺炎确诊患者、湖北籍劳动者等为由解除劳动关系等就业歧视行为，为劳动者公平就业撑腰鼓劲。

依法妥善审理涉及复工复产案件。依法从严惩处妨害复工复产的违法犯罪，严厉打击破坏交通设施、制售伪劣产品、恶意欠薪、扰乱市场秩序等犯罪，保护企业合法权益。准确把握法律政策界限，妥善处理因疫情引发的涉企执行、合同违约、企业债务、企业破产等案件，积极为企业恢复生产、持续发展创造条件。贯彻审慎善意文明司法理念，严格按照法定程序采取查封、扣押、冻结等措施，坚决杜绝超标的查封，保障企业正常生产经营，尽可能帮助企业渡过难关。印发意见推进破产案件依法高效审理，充分发挥破产审判工作在完善市场主体救治和退出机制等方面的积极作用，帮助企业重获新生，保障职工就业和债权人、债务人合法权益。上半年，各级法院通过执行、破产等程序办理保障医疗单位运行和防疫物资供应等案件402件。浙江义乌、北京大兴、湖北武汉东湖新开区等地法院依法紧急为被列入失信被执行人名单的防控物资生产企业进行信用修复、“解封”账户，妥善处理涉疫情防治定点医院纠纷，为企业恢复生产、医院开展疫情防控和病人收治等工作提供支持。青岛海事法院准许被扣船舶完成最后航次再实施扣押，帮助航运企业渡过难关。

深入推进涉疫矛盾纠纷多元化解。坚持把非诉讼纠纷解决机制挺在前面，认真实施关于加强对涉新冠肺炎疫情矛盾纠纷多元预防化解工作的意见，9月2日召开全国高级法院院长座谈会，对深入推进一站式多元解纷和诉讼服务体系建设作出部署，推动健全社会矛盾纠纷多元预防调处化解综合机制，坚持和发展新时代“枫桥经验”，努力把矛盾解决在萌芽、化解在基层。黑龙江高院推出企业应对疫情风险告知书，从五个方面告知50项法律风险和相关法律依据，助力企业防控风险。重庆一中院、福建福州鼓楼区法院等针对企业复工复产期间可能遇到的涉法涉诉问题在线提供咨询服务。江苏徐州中院会同有关部门开展工业企业涉疫情经济纠纷排查化解，努力把纠纷化解于诉前。上海黄浦区法院靠前服务，依托巡回审判（调解）工作站，引导上海南京东路商圈消费者和企业调解协商、互谅互让，诉前妥善化解商圈内大量涉疫消费纠纷。

营造更加稳定公平透明、可预期的法治化营商环境。围绕加强产权和企业家权益司法保护召开会议、下发通知，要求各级法院把保护产权和企业家权益作为“一把手”工程，主动担当作为、创新工作举措。首次集中发布涉产权保护行政诉讼典型案例，加大产权司法保护力度，营造平等保护各种所有制经济产权和合法权益的法治环境。修订民间借贷司法解释，以一年期贷款市场报价利率（LPR）的4倍为标准确定民间借贷利率司法保护上限，净化金融市场环境，促进降低民间借贷资金成本和中小企业融资成本。联合国家发展和改革委员会共同发布为新时代加快完善社会主义市场经济体制提供司法服务保障的意见，完善市场主体司法保护机制，服务实体经济发展。制定行政机关负责人出庭应诉司法解释，促进实质性化解行政争议，服务法治政府建设。在出台设立科创板并试点注册制改革的司法保障意见后，又制定为创业板改革并试点注册制提供司法保障意见，提出10条举措，为资本市场基础性制度改革营造良好司法环境。

四、智慧法院“大显身手”，在线高效化解矛盾纠纷

最高人民法院指导各地法院充分运用智慧法院建设成果，大力开展网上立案、跨域立案、网上审判、智慧执行，“指尖”立案、“云端”办案、“智慧”执行成为人民法院工作新常态，全天候全流程全方位提供司法服务，让人民群众通过“键对键”感受触手可及的公平正义。2020年2月3日以来，全国法院网上立案506万件、网上开庭66万次、网上调解234万件，同比分别增长58%、753%和267%，电子送达1432万次。实现了“审判执行不停摆、公平正义不止步”。

在线诉讼服务“不打烊”。发布《关于新型冠状病毒疫情防控期间诉讼服务和申诉信访工作的通告》，指导各地法院充分运用中国移动微法院等平台，引导当事人通过网上立案、诉讼、调解、信访，就近跨域立案，跨区域远程办理诉讼事项，最大限度方便律师和当事人参加诉讼。全国3500余家法院全部对接中国移动微法院并普遍开通诉讼服务网。建成38000余个科技法庭，有力支持远程视频庭审，让诉讼参与人分隔多地也能通过客户端在线完成出庭。目前，全国95%的法院实现网上立案；跨域立案服务在全国中级、基层和海事法院实现全覆盖，截至2020年7月底已提供跨域立案服务5.2万件，异地起诉不便问题基本得到解决。安徽高院公布全省三级法院518名网上立案负责人联系方式，方便群众“点对点”咨询解决问题。青海法院制定当事人和法官“分类版”、汉藏文“双语版”在线立案教程，在线发布宣传指引、应用案例等工作简讯，为群众诉讼提供便利。

在线庭审全面推开。最高人民法院和各地法院纷纷开启线上庭审模式，优化视频音频即时同步传递、同步录音录像、在线签名等技术保障，严格落实法定程序要求，依法保障被告人、辩护人及其他诉讼参与人各项诉讼权利，身份核对、答辩、举证、质证等均在网上完成，当事人足不出户就能参加庭审。北京法院开启三级法院统一的互联网庭审模式，全市法院借助“云法庭”进行远程审判。上海法院积极推广在线庭审，院庭长带头在线开庭，上海金融法院所有开庭案件全部线上审理，在线庭审率 100%。

在线调解便捷高效。各级法院充分发挥调解在预防和化解矛盾纠纷中的重要作用，将在线调解作为强化“诉源治理”的有效手段，统一在线调解平台覆盖纠纷受理、分流、调解、反馈等流程，为当事人精准匹配解纷力量，在线办理诉前调解、诉中调解和司法确认等事项，实现调解与诉讼、仲裁等程序顺畅转换，通过在线非诉讼纠纷解决方式化解大量矛盾纠纷。天津法院协调 140 余家民间调解组织入驻在线调解平台，汇聚 342 名专业调解人员，疫情期间在线调解成功率达 91.67%。广东法院会同司法行政、市场监管等部门，依托在线调解平台、道路交通事故纠纷“网上数据一体化处理”平台等网络平台，在线开展“一站式”调解。四川成都中院与市公共服务平台“天府市民云”实现有效对接，不断提高在线调解服务水平。

在线执行阳光公正。印发《关于做好防控新型冠状病毒感染肺炎疫情期间执行工作相关事项的通知》，深入推进在线执行，审慎开展线下执行，各地法院充分运用“总对总”“点对点”网络执行查控系统等信息化手段办理执行案件，保障胜诉当事人合法权益及时实现。广东东莞第一法院推出“微信刷脸线上退款”，申请执行人无需到庭，仅凭法院的短信邀请码登录系统微信小程序进行人脸识别，即可收到法院转账划付的执行案款。湖南株洲荷塘区等地法院开启“云执行”模式，网上发放农民工工资，及时解农民工兄弟燃眉之急。

在线诉讼规则逐步完善。印发《关于新冠肺炎疫情防控期间加强和规范在线诉讼工作的通知》，指导各地法院有序开展在线诉讼活动。各地法院结合实际研究制定具体贯彻意见和程序规范、操作规程，进一步将在线诉讼工作落实落细，以更好符合互联网司法规律。杭州、北京、广州互联网法院作为互联网司法建设的最前沿阵地，在案件审理、平台建设、诉讼规则、技术运用、网络治理等方面探索形成一系列经验，特别是在疫情防控期间，三家互联网法院借助政策、平台、技术、经验等方面优势，强化在线诉讼体系功能，继续提供普惠均等、便捷高效、智能精准的在线诉讼服务，为全国在线诉讼推广提供有益参考。

深化司法公开，凝聚众志成城、共克时艰的法治正能量。最高人民法院组织法院系统媒体深入宣传党中央关于疫情防控的决策部署，生动讲述防疫抗疫一线的感人事迹，及时报道各地法院在疫情防控和审判执行工作中的好经验好做法，积极营造强信心、暖人心、聚民心的舆论氛围。组织江苏、山东、四川、内蒙古、江西、上海、湖北等地法院举办“抗疫前线法治报道”全媒体直播活动，借助电视媒体和网络平台，向社会公众全景呈现人民法院司法助力统筹推进新冠肺炎疫情防控和经济社会发展的有效举措，及时回应疫情防控期人民群众关心关注的法律话题，普及有关法律知识，凝聚抗击疫情强大力量。积极运用庭审直播等形式，让妨害疫情防控刑事案件审判成为全民共享的依法防控“公开课”，引导广大人民群众增强法治意识，依法支持和配合疫情防控工作。加强裁判文书说理和判后答疑工作，讲清楚案件的法理、情理、事理，积极开展心理健康宣传教育和社会心理服务，引导当事人培育自尊自信、理性平和、积极向上的社会心态，为全社会抗击疫情、复工复产、恢复生产生活秩序营造良好氛围。

五、广大法院干警闻令而动、担当作为，奋力投身抗“疫”一线

在这次新冠肺炎疫情防控斗争的大战大考中，最高人民法院和地方各级人民法院党组织和广大法院干警闻令而动、担当作为，奋力投身抗“疫”一线，交出了合格答卷。

积极组织干警参加基层疫情防控工作。组织广大法院干警下沉基层社区参加疫情防控工作，积极开展依法防控疫情宣传，努力当好依法防控疫情宣传员。鼓励个人或者组织以各种方式自愿参加义工、捐款、捐物或者提供场所等公益活动，支持公民挺身而出、见义勇为，积极投身疫情防控工作。江苏高院推进“法官进网格”，组织党员干警先锋队，开展入户调查登记、疫情排查等工作，助力打好疫情防控阻击战。黑龙江绥芬河市法院干警 24 小时值守，配合做好境外输入疫情防控工作，守卫国门安全。

激励干警担当作为。充分发挥基层党组织战斗堡垒作用和共产党员先锋模范作用，激励引导广大干警发扬不畏艰险、无私奉献的精神，英勇奋斗、扎实工作，积极投身疫情防控斗争和服务保障经济社会发展工作大局。各地法院干警坚守岗位、履职尽责，经受了思想淬炼、政治历练、实践锻炼，展现了忠于党、忠于国家、忠于人民、忠于法律的政治品格。湖

北和武汉法院干警投身抗“疫”第一线，为坚决打赢湖北保卫战、武汉保卫战作出积极贡献，特别是全省法院3337名90后干警关键时刻挺身而出、冲锋在前，切实发挥了抗“疫”青年主力军作用。

下一步，人民法院将始终坚持以习近平新时代中国特色社会主义思想为指导，深入贯彻习近平总书记全面依法治国新理念新思想新战略，弘扬和践行伟大抗疫精神，健全完善司法政策措施，不断提高服务大局、司法为民、公正司法能力水平，积极服务做好“六稳”工作、落实“六保”任务，忠实履行宪法法律赋予的职责，为统筹推进常态化疫情防控和经济社会发展工作，为实现“两个一百年”奋斗目标、实现中华民族伟大复兴的中国梦作出新的更大贡献。

第一部分　司法文件

最高人民法院
关于新型冠状病毒疫情防控期间诉讼服务和申诉信访工作的通告

（2020年1月30日）

为做好新型冠状病毒疫情防控工作，最大限度减少人员聚集流动，切实保障诉讼群众的生命安全和身体健康，根据党中央防控工作决策部署，现就疫情期间最高人民法院本部、第一、第二、第三、第四、第五、第六巡回法庭和知识产权法庭诉讼服务和申诉信访工作有关事项告知如下：

一、即日起，最高人民法院本部、第一、第二、第三、第四、第五、第六巡回法庭和知识产权法庭诉讼服务和群众来访接待场所暂时关闭，恢复接待时间视疫情形势变化另行通知；

二、当事人需要提交申请再审材料、申诉信访或者申请其他诉讼服务事项的，请通过最高人民法院诉讼服务网或者邮寄方式提交，查询咨询事项可拨打12368诉讼服务热线联系办理。

4

附最高人民法院诉讼服务网以及邮寄方式：

最高人民法院诉讼服务网网址：http://ssfw.court.gov.cn/ssfww，也可以通过最高人民法院官网进入“诉讼服务网”版块。

最高人民法院本部邮寄地址：北京市东交民巷27号，邮政编码：100745

第一巡回法庭邮寄地址：广东省深圳市罗湖区红岭中路1036号，邮政编码：518000

第二巡回法庭邮寄地址：辽宁省沈阳市浑南区世纪路3号，邮政编码：110179

第三巡回法庭邮寄地址：江苏省南京市浦口区浦珠北路88号，邮政编码：210031

第四巡回法庭邮寄地址：河南省郑州市郑东新区白佛路和博学路交叉口博学路33号，邮政编码：430070

第五巡回法庭邮寄地址：重庆市江北区盘溪路408号巾帼大厦东面（石子山体育公园），邮政编码：400021

第六巡回法庭邮寄地址：陕西省西安市长安区航天基地航天中路389号神光大厦B座，邮政编码：710700

知识产权法庭邮寄地址：北京市丰台区汽车博物馆东路2号院3号楼，邮政编码：100160

最高人民法院　最高人民检察院　公安部　司法部

关于依法惩治妨害新型冠状病毒感染肺炎疫情防控违法犯罪的意见

2020 年 2 月 6 日　　法发〔2020〕7 号

为依法惩治妨害新型冠状病毒感染肺炎疫情防控违法犯罪行为，保障人民群众生命安全和身体健康，保障社会安定有序，保障疫情防控工作顺利开展，根据有关法律、司法解释的规定，制定本意见。

一、提高政治站位，充分认识疫情防控时期维护社会大局稳定的重大意义

各级人民法院、人民检察院、公安机关、司法行政机关要切实把思想和行动统一到习近平总书记关于新型冠状病毒感染肺炎疫情防控工作的系列重要指示精神上来，坚决贯彻落实党中央决策部署、中央应对新型冠状病毒感染肺炎疫情工作领导小组工作安排，按照中央政法委要求，增强“四个意识”、坚定“四个自信”、做到“两个维护”，始终将人民群众的生命安全和身体健康放在第一位，坚决把疫情防控作为当前压倒一切的头等大事来抓，用足用好法律规定，依法及时、从严惩治妨害疫情防控的各类

违法犯罪，为坚决打赢疫情防控阻击战提供有力法治保障。

二、准确适用法律，依法严惩妨害疫情防控的各类违法犯罪

（一）依法严惩抗拒疫情防控措施犯罪。故意传播新型冠状病毒感染肺炎病原体，具有下列情形之一，危害公共安全的，依照刑法第一百一十四条、第一百一十五条第一款的规定，以以危险方法危害公共安全罪定罪处罚：

1. 已经确诊的新型冠状病毒感染肺炎病人、病原携带者，拒绝隔离治疗或者隔离期未满擅自脱离隔离治疗，并进入公共场所或者公共交通工具的；

2. 新型冠状病毒感染肺炎疑似病人拒绝隔离治疗或者隔离期未满擅自脱离隔离治疗，并进入公共场所或者公共交通工具，造成新型冠状病毒传播的。

其他拒绝执行卫生防疫机构依照传染病防治法提出的防控措施，引起新型冠状病毒传播或者有传播严重危险的，依照刑法第三百三十条的规定，以妨害传染病防治罪定罪处罚。

以暴力、威胁方法阻碍国家机关工作人员（含在依照法律、法规规定行使国家有关疫情防控行政管理职权的组织中从事公务的人员，在受国家机关委托代表国家机关行使疫情防控职权的组织中从事公务的人员，虽未列入国家机关人员编制但在国家机关中从事疫情防控公务的人员）依法履行为防控疫情而采取的防疫、检疫、强制隔离、隔离治疗等措施的，依照刑法第二百七十七条第一款、第三款的规定，以妨害公务罪定罪处罚。暴

力袭击正在依法执行职务的人民警察的，以妨害公务罪定罪，从重处罚。

（二）依法严惩暴力伤医犯罪。在疫情防控期间，故意伤害医务人员造成轻伤以上的严重后果，或者对医务人员实施撕扯防护装备、吐口水等行为，致使医务人员感染新型冠状病毒的，依照刑法第二百三十四条的规定，以故意伤害罪定罪处罚。

随意殴打医务人员，情节恶劣的，依照刑法第二百九十三条的规定，以寻衅滋事罪定罪处罚。

采取暴力或者其他方法公然侮辱、恐吓医务人员，符合刑法第二百四十六条、第二百九十三条规定的，以侮辱罪或者寻衅滋事罪定罪处罚。

以不准离开工作场所等方式非法限制医务人员人身自由，符合刑法第二百三十八条规定的，以非法拘禁罪定罪处罚。

（三）依法严惩制假售假犯罪。在疫情防控期间，生产、销售伪劣的防治、防护产品、物资，或者生产、销售用于防治新型冠状病毒感染肺炎的假药、劣药，符合刑法第一百四十条、第一百四十一条、第一百四十二条规定的，以生产、销售伪劣产品罪，生产、销售假药罪或者生产、销售劣药罪定罪处罚。

在疫情防控期间，生产不符合保障人体健康的国家标准、行业标准的医用口罩、护目镜、防护服等医用器材，或者销售明知是不符合标准的医用器材，足以严重危害人体健康的，依照刑法第一百四十五条的规定，以生产、销售不符合标准的医用器材罪定罪处罚。

（四）依法严惩哄抬物价犯罪。在疫情防控期间，违反国家有关市场经营、价格管理等规定，囤积居奇，哄抬疫情防控急需的口罩、护目镜、防护服、消毒液等防护用品、药品或者其他涉及民生的物品价格，牟取暴利，违法所得数额较大或者有其他严重情节，严重扰乱市场秩序的，依照刑法第二百二十五条第四项的规定，以非法经营罪定罪处罚。

（五）依法严惩诈骗、聚众哄抢犯罪。在疫情防控期间，假借研制、生产或者销售用于疫情防控的物品的名义骗取公私财物，或者捏造事实骗取公众捐赠款物，数额较大的，依照刑法第二百六十六条的规定，以诈骗罪定罪处罚。

在疫情防控期间，违反国家规定，假借疫情防控的名义，利用广告对所推销的商品或者服务作虚假宣传，致使多人上当受骗，违法所得数额较大或者有其他严重情节的，依照刑法第二百二十二条的规定，以虚假广告罪定罪处罚。

在疫情防控期间，聚众哄抢公私财物特别是疫情防控和保障物资，数额较大或者有其他严重情节的，对首要分子和积极参加者，依照刑法第二百六十八条的规定，以聚众哄抢罪定罪处罚。

（六）依法严惩造谣传谣犯罪。编造虚假的疫情信息，在信息网络或者其他媒体上传播，或者明知是虚假疫情信息，故意在信息网络或者其他媒体上传播，严重扰乱社会秩序的，依照刑法第二百九十一条之一第二款的规定，以编造、故意传播虚假信息罪定罪处罚。

编造虚假信息，或者明知是编造的虚假信息，在信息网络上散布，或者组织、指使人员在信息网络上散布，起哄闹事，造成公共秩序严重混乱的，依照刑法第二百九十三条第一款第四项的规定，以寻衅滋事罪定罪处罚。

利用新型冠状病毒感染肺炎疫情，制造、传播谣言，煽动分裂国家、破坏国家统一，或者煽动颠覆国家政权、推翻社会主义制度的，依照刑法第一百零三条第二款、第一百零五条第二款的规定，以煽动分裂国家罪或者煽动颠覆国家政权罪定罪处罚。

网络服务提供者不履行法律、行政法规规定的信息网络安全管理义务，经监管部门责令采取改正措施而拒不改正，致使虚假疫情信息或者其他违法信息大量传播的，依照刑法第二百八十六条之一的规定，以拒不履行信息网络安全管理义务罪定罪处罚。

对虚假疫情信息案件，要依法、精准、恰当处置。对恶意编造虚假疫情信息，制造社会恐慌，挑动社会情绪，扰乱公共秩序，特别是恶意攻击党和政府，借机煽动颠覆国家政权、推翻社会主义制度的，要依法严惩。对于因轻信而传播虚假信息，危害不大的，不以犯罪论处。

（七）依法严惩疫情防控失职渎职、贪污挪用犯罪。在疫情防控工作中，负有组织、协调、指挥、灾害调查、控制、医疗救治、信息传递、交通运输、物资保障等职责的国家机关工作人员，滥用职权或者玩忽职守，致使公共财产、国家和人民利益遭受重大损失的，依照刑法第三百九十七条的规定，以滥用职权罪或者玩忽职守罪定罪处罚。

卫生行政部门的工作人员严重不负责任，不履行或者不认真履行防治监管职责，导致新型冠状病毒感染肺炎传播或者流行，情节严重的，依照刑法第四百零九条的规定，以传染病防治失职罪定罪处罚。

从事实验、保藏、携带、运输传染病菌种、毒种的人员，违反国务院卫生行政部门的有关规定，造成新型冠状病毒毒种扩散，后果严重的，依照刑法第三百三十一条的规定，以传染病毒种扩散罪定罪处罚。

国家工作人员，受委托管理国有财产的人员，公司、企业或者其他单位的人员，利用职务便利，侵吞、截留或者以其他手段非法占有用于防控新型冠状病毒感染肺炎的款物，或者挪用上述款物归个人使用，符合刑法第三百八十二条、第三百八十三条、第二百七十一条、第三百八十四条、第二百七十二条规定的，以贪污罪、职务侵占罪、挪用公款罪、挪用资金罪定罪处罚。挪用用于防控新型冠状病毒感染肺炎的救灾、优抚、救济等款物，符合刑法第二百七十三条规定的，对直接责任人员，以挪用特定款物罪定罪处罚。

（八）依法严惩破坏交通设施犯罪。在疫情防控期间，破坏轨道、桥梁、隧道、公路、机场、航道、灯塔、标志或者进行其他破坏活动，足以使火车、汽车、电车、船只、航空器发生倾覆、毁坏危险的，依照刑法第一百一十七条、第一百一十九条第一款的规定，以破坏交通设施罪定罪处罚。

办理破坏交通设施案件，要区分具体情况，依法审慎处理。对于为了防止疫情蔓延，未经批准擅自封路阻碍交通，未造成严重后果的，一般不以犯罪论处，由主管部门予以纠正。

（九）依法严惩破坏野生动物资源犯罪。非法猎捕、杀害国家重点保护的珍贵、濒危野生动物的，或者非法收购、运输、出售国家重点保护的珍贵、濒危野生动物及其制品的，依照刑法第三百四十一条第一款的规定，以非法猎捕、杀害珍贵、濒危野生动物罪或者非法收购、运输、出售珍贵、濒危野生动物、珍贵、濒危野生动物制品罪定罪处罚。

违反狩猎法规，在禁猎区、禁猎期或者使用禁用的工具、方法进行狩猎，破坏野生动物资源，情节严重的，依照刑法第三百四十一条第二款的规定，以非法狩猎罪定罪处罚。

违反国家规定，非法经营非国家重点保护野生动物及其制品（包括开办交易场所、进行网络销售、加工食品出售等），扰乱市场秩序，情节严重的，依照刑法第二百二十五条第四项的规定，以非法经营罪定罪处罚。

知道或者应当知道是国家重点保护的珍贵、濒危野生动物及其制品，为食用或者其他目的而非法购买，符合刑法第三百四十一条第一款规定的，以非法收购珍贵、濒危野生动物、珍贵、濒危野生动物制品罪定罪处罚。

知道或者应当知道是非法狩猎的野生动物而购买，符合刑法第三百一十二条规定的，以掩饰、隐瞒犯罪所得罪定罪处罚。

（十）依法严惩妨害疫情防控的违法行为。实施上述（一）至（九）规定的行为，不构成犯罪的，由公安机关根据治安管理处罚法有关虚构事实扰乱公共秩序，扰乱单位秩序、公共场所秩序、寻衅滋事，拒不执行紧急状态下的决定、命令，阻碍执行职务，冲闯警戒带、警戒区，殴打他人，故意伤害，侮辱他人，诈骗，在铁路沿线非法挖掘坑穴、采石取沙，盗窃、损毁路面公共设施，损毁铁路设施设备，故意损毁财物、哄抢公私财物等规定，予以治安管理处罚，或者由有关部门予以其他行政处罚。

对于在疫情防控期间实施有关违法犯罪的，要作为从重情节予以考量，依法体现从严的政策要求，有力惩治震慑违法犯罪，维护法律权威，维护社会秩序，维护人民群众生命安全和身体健康。

三、健全完善工作机制，保障办案效果和安全

（一）及时查处案件。公安机关对于妨害新型冠状病毒感染肺炎疫情防控的案件，要依法及时立案查处，全面收集固定证据。对于拒绝隔离治

疗或者隔离期未满擅自脱离隔离治疗的人员，公安机关要依法协助医疗机构和有关部门采取强制隔离治疗措施。要严格规范公正文明执法。

（二）强化沟通协调。人民法院、人民检察院、公安机关、司法行政机关要加强沟通协调，确保案件顺利侦查、起诉、审判、交付执行。对重大、敏感、复杂案件，公安机关要及时听取人民检察院的意见建议。对社会影响大、舆论关注度高的重大案件，要加强组织领导，按照依法处置、舆论引导、社会面管控“三同步”要求，及时向社会通报案件进展情况，澄清事实真相，做好舆论引导工作。

（三）保障诉讼权利。要依法保障犯罪嫌疑人、被告人的各项诉讼权利特别是辩护权。要按照刑事案件律师辩护全覆盖的要求，积极组织律师为没有委托辩护人的被告人依法提供辩护或者法律帮助。各级司法行政机关要加强对律师辩护代理工作的指导监督，引导广大律师依法依规履行辩护代理职责，切实维护犯罪嫌疑人、被告人的合法权益，保障法律正确实施。

（四）加强宣传教育。人民法院、人民检察院、公安机关、司法行政机关要认真落实“谁执法谁普法”责任制，结合案件办理深入细致开展法治宣传教育工作。要选取典型案例，以案释法，加大警示教育，震慑违法犯罪分子，充分展示坚决依法严惩此类违法犯罪、维护人民群众生命安全和身体健康的决心。要引导广大群众遵纪守法，不信谣、不传谣，依法支持和配合疫情防控工作，为疫情防控工作的顺利开展营造良好的法治和社会环境。

（五）注重办案安全。在疫情防控期间，办理妨害新型冠状病毒感染肺炎疫情防控案件，办案人员要注重自身安全，提升防范意识，增强在履行接处警、抓捕、羁押、讯问、审判、执行等职能时的自我保护能力和防范能力。除依法必须当面接触的情形外，可以尽量采取书面审查方式，必要时，可以采取视频等方式讯问犯罪嫌疑人、询问被害人、证人、听取辩护律师意见。人民法院在疫情防控期间审理相关案件的，在坚持依法公开审理的同时，要最大限度减少人员聚集，切实维护诉讼参与人、旁听群众、法院干警的安全和健康。

最高人民法院
关于新冠肺炎疫情防控期间加强和规范在线诉讼工作的通知

2020年2月14日　　法〔2020〕49号

各省、自治区、直辖市高级人民法院，解放军军事法院，新疆维吾尔自治区高级人民法院生产建设兵团分院：

为深入贯彻习近平总书记关于新冠肺炎疫情防控工作的系列重要指示精神，坚决贯彻落实党中央决策部署，有效防控新冠肺炎疫情，切实保障人民群众生命安全和身体健康，维护当事人合法权益，通过推行在线诉讼为疫情防控提供有力司法保障，确保在线诉讼活动规范有序，现就做好疫情防控期间人民法院在线诉讼相关工作通知如下。

一、各级人民法院要提高政治站位，充分认识疫情防控的重要意义和严峻形势，切实增强责任感和紧迫感，立足审判职能，努力服务和保障疫情防控工作大局。要将深入推进在线诉讼作为坚决打赢防控疫情的人民战争、总体战、阻击战的重要举措，积极依托中国移动微法院、诉讼服务网、12368诉讼服务热线等在线诉讼平台，全面开展网上立案、调解、证据交换、庭审、宣判、送达等在线诉讼活动，有效满足疫情防控期间人民群众司法需求，确保人民法院审判工作平稳有序运行。

二、各级人民法院推进在线诉讼，既要充分考虑案件类型、难易程度、轻重缓急等因素，又要切实维护当事人合法诉讼权益，尊重当事人对案件办理模式的选择权，全面告知在线诉讼的权利义务和法律后果。当事人同意案件在线办理的，应当在信息系统确认、留痕，确保相关诉讼活动的法律效力。当事人不同意案件在线办理，依法申请延期审理的，人民法院应当准许，不得强制适用在线诉讼。案件符合诉讼法律关于中止审理有关规定的，人民法院可以中止诉讼。

三、各级人民法院要积极引导各方诉讼主体依法有序开展在线诉讼活动，大力完善在线办理流程和在线诉讼规程，制定发布内容全面、指引清晰、简便易行的在线诉讼操作指南，相关内容不得突破现行法律和司法解释规定。开展民事诉讼程序繁简分流改革试点工作的法院，应当在全国人大常委会授权范围内，严格按照《最高人民法院关于民事诉讼程序繁简分流改革试点实施办法》（法〔2020〕11号，以下简称《试点实施办法》）推进在线诉讼工作。各高级人民法院要对辖区内法院制定的在线诉讼权利义务告知书、在线诉讼规程、在线诉讼操作指南等进行全面审核，确保相关内容合法、准确、可操作。

四、各级人民法院在线办理案件，要确保各方诉讼参与人身份真实性，通过证件证照比对、生物特征识别、实名手机号码关联等方式在线完成身份认证，提供各方诉讼参与人诉讼平台专用账号，实现“人、案、账号”匹配一致。

五、当事人及其诉讼代理人通过在线方式提交立案申请的，人民法院应当在收到起诉材料后七日内进行审核，符合法律规定起诉条件的，应当登记立案；提交材料不符合要求的，人民法院应当通过在线诉讼平台及时要求补正，并一次性告知应当补正的内容和期限，逾期未补正的，起诉材料作退回处理；不符合起诉条件，经人民法院释明后，原告坚持继续起诉的，裁定或者决定不予受理、不予立案。

当事人及其诉讼代理人在线提交立案材料确有困难的，可以选择就近一家法院提交立案材料。相关人民法院应当按照跨域立案的工作机制和程序，及时办理立案手续。

六、各级人民法院要加大疫情防控期间矛盾纠纷化解力度，依托在线矛盾纠纷多元化调解平台，加强与司法行政部门、律师协会等相关单位的协调配合，进一步整合汇聚人民调解、行政调解、行业调解、律师调解等各方纠纷解决力量，有效促进矛盾纠纷在线化解。要积极完善诉调对接机制，加大对在线纠纷多元化解的司法保障力度。当事人对在线达成的调解协议提出的司法确认申请，符合法律规定的，人民法院应当及时依法确认。

七、当事人及其诉讼代理人通过电子化方式提交诉讼材料和证据材料的，经人民法院审核通过后，可以不再提交纸质原件。当事人及其诉讼代理人采取邮寄等方式提交纸质材料的，人民法院应当及时扫描录入案件办理系统。对提交的纸质原件材料，要及时立卷归档。人民法院应当积极引导当事人及其诉讼代理人提交电子化材料，为其提供平台支撑和技术便利。

八、各级人民法院要积极推广和有序规范在线庭审，综合考虑技术条件、案件情况和当事人意愿等因素，确定是否采取在线庭审方式。民商事、行政案件一般均可以采取在线方式开庭，但案件存在双方当事人不同意在线庭审、不具备在线庭审技术条件、需现场查明身份、核对原件、查验实物等情形的，不适用在线庭审。刑事案件可以采取远程视频方式讯问被告人、宣告判决、审理减刑、假释案件等。对适用简易程序、速裁程序的简单刑事案件、认罪认罚从宽案件，以及妨害疫情防控的刑事案件，可以探索采取远程视频方式开庭。

在线庭审活动应当遵循诉讼法律及司法解释的相关规定，充分保障当事人申请回避、举证、质证、陈述、辩论等诉讼权利。在线庭审应当以在线视频方式进行，不得采取书面或者语音方式。

人民法院开展在线庭审，一般应当在法庭内进行。因疫情防控需要，法官确需在其他场所在线开庭的，应当报请本院院长同意，并保证开庭场所庄重严肃、庭审礼仪规范。人民法院应当参照《中华人民共和国人民法院法庭规则》相关规定，加强对在线庭审参与人的诉讼指导，明确在线庭审纪律，确保庭审过程安全文明、规范有序。

当事人明确同意在线庭审，但不按时参加或者庭审中擅自退出的，除经查明确属网络故障、设备损坏、电力中断或者不可抗力等原因外，可以认定为“拒不到庭”和“中途退庭”，分别按照诉讼法律及相关司法解释的规定处理。

人民法院应当积极运用语音识别技术同步生成庭审电子笔录，由审判人员、法官助理、书记员、当事人及其他诉讼参与人等在线确认，确保在线庭审活动效力。在线庭审过程，应当按照《最高人民法院关于人民法院庭审录音录像的若干规定》，全程录音录像并存储归档。

九、疫情防控期间，各级人民法院可以根据技术条件和工作需要，允许法官远程查阅电子卷宗、合议案件、撰写提交裁判文书等，但应当严格遵循电子卷宗管理和保密工作相关规定。

十、各级人民法院要加大电子送达适用力度，提升送达质量和效率。经受送达人同意，可以通过中国移动微法院、中国审判流程信息公开网、全国统一送达平台、传真、电子邮件、即时通讯账号等电子方式送达诉讼文书和当事人提交的证据材料。

纳入民事诉讼程序繁简分流改革试点的法院，应当按照《试点实施办法》第二十四条至第二十六条的规定，依法有序开展电子送达工作。未纳入试点的法院，对电子送达的适用条件和生效标准，可以参照适用《试点实施办法》第二十四条、第二十六条的规定，但不得采用电子方式送达判决书、裁定书、调解书，确保人民法院电子送达符合诉讼法律及司法解释的规定。

十一、各级人民法院要大力推进一站式多元解纷机制和一站式诉讼服务中心建设，升级在线诉讼服务平台，拓展在线诉讼服务功能，向当事人和社会公众在线提供诉讼咨询、交费退费、信息查询、联系法官、申诉信访、举报投诉等全方位诉讼服务，保障当事人足不出户即可获取司法信息、办理诉讼事项，切实减少人员出行和聚集，服务疫情防控工作。

十二、杭州、北京、广州互联网法院要充分利用先发优势，加大在办案平台建设、在线诉讼流程、新兴技术应用、在线诉讼规则等方面的探索力度。要在保证互联网案件全流程在线审理的基础上，加速提升审判执行工作智能化水平，加强对大数据、云计算、人工智能、5G 技术等方面的研究应用，探索形成智慧司法的实践样本，总结形成可复制、可推广的先进经验。要立足自身职能定位，积极探索互联网时代电子诉讼规则，推动完善互联网司法治理实体规则，切实发挥互联网法院在理念创新、技术创新、制度创新等方面的引领示范作用，有效推动网络空间治理法治化。

十三、各级人民法院要高度重视疫情防控期间在线诉讼推进工作，切实优化理念、加深认识、转变思路，将在线诉讼作为特殊时期人民法院开展审判执行工作的基本模式，确保队伍不散、工作不断、质效不降，为进一步完善互联网司法模式做出有益探索，奠定良好实践基础。各级人民法院院长要作为推进在线诉讼的第一责任人，明确工作思路，理顺工作机制，加大组织实施力度，积极带头以在线方式办理案件，发挥引领示范作用，推动在线办案成为疫情防控期间的常态化机制。

十四、各级人民法院要大力加强信息化基础设施建设，积极推广应用中国移动微法院，加快搭建以中国移动微法院为总入口的在线诉讼平台，推动现有诉讼服务平台对接中国移动微法院，整合完善各类信息系统，防止多头开发和重复建设。要着力打通内外网，实现司法数据安全有效交互。要基于现有的平台系统，增加相应工作模块，拓展优化在线诉讼各项功能，对接实践需求，优化使用界面，提升用户体验，确保在线诉讼服务系统集成、高效便捷。

十五、各高级人民法院要积极做好辖区法院推进在线诉讼的统筹指导工作，制定出台相关诉讼规程和文书样式，加大对下指导力度，确保在线诉讼活动规范统一，合法有序。要坚持边推进、边总结、边研究，不断总结提炼辖区法院推进在线诉讼的有益举措和经验，认真搜集存在的问题困难，提出具体解决方案或建议，及时形成工作报告报送最高人民法院司法改革领导小组办公室。

最高人民法院
关于依法妥善审理涉新冠肺炎疫情民事案件若干问题的指导意见（一）

2020年4月16日　　法发〔2020〕12号

为贯彻落实党中央关于统筹推进新冠肺炎疫情防控和经济社会发展工作部署会议精神，依法妥善审理涉新冠肺炎疫情民事案件，维护人民群众合法权益，维护社会和经济秩序，维护社会公平正义，依照法律、司法解释相关规定，结合审判实践经验，提出如下指导意见。

一、充分发挥司法服务保障作用。各级人民法院要充分认识此次疫情对经济社会产生的重大影响，立足统筹推进疫情防控和经济社会发展工作大局，充分发挥司法调节社会关系的作用，积极参与诉源治理，坚持把非诉讼纠纷解决机制挺在前面，坚持调解优先，积极引导当事人协商和解、共担风险、共渡难关，切实把矛盾解决在萌芽状态、化解在基层。在涉疫情民事案件审理过程中，根据案件实际情况，准确适用法律，平衡各方利益，保护当事人合法权益，服务经济社会发展，实现法律效果与社会效果的统一。

二、依法准确适用不可抗力规则。人民法院审理涉疫情民事案件，要准确适用不可抗力的具体规定，严格把握适用条件。对于受疫情或者疫情防控措施直接影响而产生的民事纠纷，符合不可抗力法定要件的，适用《中华人民共和国民法总则》第一百八十条、《中华人民共和国合同法》第一百一十七条和第一百一十八条等规定妥善处理；其他法律、行政法规另有规定的，依照其规定。当事人主张适用不可抗力部分或者全部免责的，应当就不可抗力直接导致民事义务部分或者全部不能履行的事实承担举证责任。

三、依法妥善审理合同纠纷案件。受疫情或者疫情防控措施直接影响而产生的合同纠纷案件，除当事人另有约定外，在适用法律时，应当综合考量疫情对不同地区、不同行业、不同案件的影响，准确把握疫情或者疫情防控措施与合同不能履行之间的因果关系和原因力大小，按照以下规则处理：

（一）疫情或者疫情防控措施直接导致合同不能履行的，依法适用不可抗力的规定，根据疫情或者疫情防控措施的影响程度部分或者全部免除责任。当事人对于合同不能履行或者损失扩大有可归责事由的，应当依法承担相应责任。因疫情或者疫情防控措施不能履行合同义务，当事人主张其尽到及时通知义务的，应当承担相应举证责任。

（二）疫情或者疫情防控措施仅导致合同履行困难的，当事人可以重新协商；能够继续履行的，人民法院应当切实加强调解工作，积极引导当事人继续履行。当事人以合同履行困难为由请求解除合同的，人民法院不予支持。继续履行合同对于一方当事人明显不公平，其请求变更合同履行期限、履行方式、价款数额等的，人民法院应当结合案件实际情况决定是否予以支持。合同依法变更后，当事人仍然主张部分或者全部免除责任的，人民法院不予支持。因疫情或者疫情防控措施导致合同目的不能实现，当事人请求解除合同的，人民法院应予支持。

（三）当事人存在因疫情或者疫情防控措施得到政府部门补贴资助、税费减免或者他人资助、债务减免等情形的，人民法院可以作为认定合同能否继续履行等案件事实的参考因素。

四、依法处理劳动争议案件。加强与政府及有关部门的协调，支持用人单位在疫情防控期间依法依规采用灵活工作方式。审理涉疫情劳动争议案件时，要准确适用《中华人民共和国劳动法》第二十六条、《中华人民共和国劳动合同法》第四十条等规定。用人单位仅以劳动者是新冠肺炎确诊患者、疑似新冠肺炎患者、无症状感染者、被依法隔离人员或者劳动者来自疫情相对严重的地区为由主张解除劳动关系的，人民法院不予支持。就相关劳动争议案件的处理，应当正确理解和参照适用国务院有关行政主管部门以及省级人民政府等制定的在疫情防控期间妥善处理劳动关系的政策文件。

五、依法适用惩罚性赔偿。经营者在经营口罩、护目镜、防护服、消毒液等防疫物品以及食品、药品时，存在《中华人民共和国消费者权益保护法》第五十五条、《中华人民共和国食品安全法》第一百四十八条第二款、《中华人民共和国药品管理法》第一百四十四条第三款、《最高人民法院关于审理食品药品纠纷案件适用法律若干问题的规定》第十五条规定情形，消费者主张依法适用惩罚性赔偿的，人民法院应予支持。

六、依法中止诉讼时效。在诉讼时效期间的最后六个月内，因疫情或者疫情防控措施不能行使请求权，权利人依据《中华人民共和国民法总则》第一百九十四条第一款第一项规定主张诉讼时效中止的，人民法院应予支持。

七、依法顺延诉讼期间。因疫情或者疫情防控措施耽误法律规定或者人民法院指定的诉讼期限，当事人根据《中华人民共和国民事诉讼法》第八十三条规定申请顺延期限的，人民法院应当根据疫情形势以及当事人提供的证据情况综合考虑是否准许，依法保护当事人诉讼权利。当事人系新冠肺炎确诊患者、疑似新冠肺炎患者、无症状感染者以及相关密切接触者，在被依法隔离期间诉讼期限届满，根据该条规定申请顺延期限的，人民法院应予准许。

八、加大司法救助力度。对于受疫情影响经济上确有困难的当事人申请免交、减交或者缓交诉讼费用的，人民法院应当依法审查并及时作出相应决定。对于确实需要进行司法救助的诉讼参加人，要依据其申请，及时采取救助措施。

九、灵活采取保全措施。对于受疫情影响陷入困境的企业特别是中小微企业、个体工商户，可以采取灵活的诉讼财产保全措施或者财产保全担保方式，切实减轻企业负担，助力企业复工复产。

十、切实保障法律适用统一。各级人民法院要加强涉疫情民事案件审判工作的指导和监督，充分发挥专业法官会议、审判委员会的作用，涉及重大、疑难、复杂案件的法律适用问题，应当及时提交审判委员会讨论决定。上级人民法院应当通过发布典型案例等方式加强对下级人民法院的指导，确保裁判标准统一。

最高人民法院
关于依法妥善办理涉新冠肺炎疫情执行案件若干问题的指导意见

2020年5月13日　　法发〔2020〕16号

为贯彻落实党中央关于统筹推进新冠肺炎疫情防控和经济社会发展工作部署会议精神，依法妥善办理涉新冠肺炎疫情执行案件，维护人民群众合法权益，维护社会和经济秩序，维护社会公平正义，依照法律、司法解释相关规定，结合执行工作实际，提出如下指导意见。

一、充分发挥执行工作的服务保障作用。各级人民法院要充分认识此次疫情对经济社会产生的重大影响，立足统筹推进疫情防控和经济社会发展工作大局，充分利用“基本解决执行难”工作成果，有效发挥“统一管理、统一指挥、统一协调”工作机制作用，平稳有序推进执行工作。被执行人有履行能力且具备强制执行条件的，要持续加大执行力度，依法保障胜诉当事人尤其是受疫情影响导致生产生活困难当事人的合法权益。在涉疫情执行案件办理过程中，要准确理解和适用法律，进一步突出强化善意文明执行理念，依法审慎采取强制执行措施，平衡协调各方利益，在依法保障胜诉当事人合法权益的同时，最大限度降低对被执行人权益的影响，积极引导当事人以和解方式化解矛盾纠纷，为统筹推进经济社会发展各项工作提供有力司法服务和保障。

二、依法中止申请执行时效。在申请执行时效期间的最后六个月内，因疫情或者疫情防控措施不能行使请求权，债权人依据《最高人民法院关于适用〈中华人民共和国民事诉讼法〉执行程序若干问题的解释》第二十七条规定主张申请执行时效中止的，人民法院应予支持。

三、准确把握查封措施的法律界限。坚决禁止超标的查封，严禁违法查封案外人财产，畅通财产查控的救济渠道，加大监督力度，切实防止违法执行或采取过度执行措施影响企业财产效用发挥和企业正常运营。做好审判程序与执行程序的衔接，人民法院审理涉疫情民事案件，要加大对财产保全申请的审查力度，对明显超出诉讼请求范围的超标的部分保全申请，依法不予支持。当事人通过恶意提高诉讼标的等方式超标的申请保全，给对方当事人造成损失的，对方当事人可以就所受损失依法提起诉讼。

对受疫情影响导致生产生活困难的被执行人，在不影响债权实现的前提下，人民法院应当选择适当的查封措施。被执行人有多项财产可供执行的，应当选择对其生产生活影响较小且方便执行的财产执行。对能“活封”的财产，不进行“死封”。查封厂房、机器设备等生产性资料，被执行人继续使用对该财产价值无重大影响的，应当允许其继续使用。被执行人申请利用查封财产融资清偿债务，经执行债权人同意或者融资款足以清偿所有执行债务的，可以监督其在指定期限内进行融资。查封被执行人在建工程的，原则上应当允许其继续建设。查封被执行人在建商品房或现房的，在确保能够控制相应价款的前提下，可以监督其在指定期限内按照合理价格自行销售房屋。冻结被执行人银行账户内存款的，应当明确具体数额，不得影响冻结之外资金的流转和账户的使用。

四、有效防止执行财产被低价处置。充分发挥网络司法拍卖公开透明、成本低、效率高、受疫情影响小的优势，加快财产变价流程，降低变价成本，为执行债权人及时回笼资金、减轻资金周转压力、恢复生产经营活动提供有力保障。在疫情期间进行网络司法拍卖，也要适当考虑疫情影响和财产实际情况，把握好拍卖时机，有效实现财产变现价值最大化。被执行人有充分证据证明疫情期间进行拍卖将严重贬损其财产价值，申请暂缓或中止拍卖的，人民法院可以准许。拍卖过程中，应当及时全面客观披露财产现状，充分发挥网拍平台、拍卖辅助机构作用，做好拍卖财产在线推介，吸引更多市场主体参与竞买。对财产价值较大、竞拍参与度可能较低的财产，可以确定适当宽松的拍卖价款支付期限。

对于一些专业化程度高、市场受众面较窄的财产，在不影响债权实现的前提下，可以允许被执行人通过其自身专业优势和渠道，灵活采取自行变卖、融资等方式偿还债务。被执行人认为网络询价或评估价过低，申请以不低于网络询价或评估价自行变卖查封财产清偿债务，人民法院经审查认为不损害执行债权人权益的，可以监督其在指定期限内变卖。网络司法拍卖第二次流拍后，被执行人提出以流拍价融资的，人民法院可以结合拍卖财产基本情况、流拍价与市场价差异程度等因素，酌情予以考虑；准许融资的，暂不启动以物抵债或者强制变卖程序。

五、依法执行疫情期间减免租金的政策规定。人民法院对被执行人的租金债权，可以强制执行。冻结被执行人的租金债权后，承租人在法定期限内提出异议的，依照有关司法解释的规定，人民法院不得对异议部分的租金强制执行。承租人对原租金债权的数额没有异议，但超过法定期限后依照疫情期间对承租国有经营性房屋的中小微企业、个体工商户减免租金的有关政策规定，主张减免租金提出异议，人民法院经审查属实的，应予支持；承租非国有经营性房屋的中小微企业、个体工商户以其与被执行人就疫情期间的租金减免已达成协议为由提出异议，请求对异议部分的租金不予强制执行，人民法院经审查认为租金减免协议真实有效的，应予支持。

对受疫情影响较大的中小微企业、个体工商户欠缴租金的涉众型执行案件，人民法院要充分发挥多元化纠纷解决机制作用，根据双方当事人实际情况，制定合理工作方案，依法妥善处理此类案件产生的矛盾纠纷。

六、强化应用执行和解制度。被执行人受疫情影响导致生产生活困难，无法及时履行生效法律文书确定义务的，人民法院要积极引导当事人协商和解，为被执行人缓解债务压力、恢复正常生产生活创造便利条件。当事人在疫情发生前已经达成和解，确因疫情或者疫情防控措施直接导致无法按照和解协议约定期限履行，申请执行人据此申请恢复执行原生效法律文书的，人民法院不予支持，但当事人另有约定的除外；和解协议已经履行不能或者因迟延履行导致和解协议目的不能实现的，应当及时恢复执行。

七、精准适用失信惩戒和限制消费措施。有效发挥失信惩戒和限制消费措施的惩戒作用，重点打击规避执行、抗拒执行等违法失信行为，进一步推动国家信用体系建设和营商环境改善。建立健全惩戒分级分类机制，准确把握失信惩戒和限制消费措施的适用条件，持续推动惩戒措施向精细化、精准化方向转变。疫情期间，对已纳入发展改革、工业和信息化部门确定的全国性或地方性疫情防控重点保障企业名单的企业，原则上不得采取失信惩戒和限制消费措施；已经采取并妨碍疫情防控工作的，要及时解除并向申请执行人说明有关情况。对未纳入重点保障企业名单的疫情防控企业采取失信惩戒和限制消费措施的，可以根据具体情况参照前述规定办理。对受疫情影响较大、暂时经营困难的企业尤其是中小微企业，人民法院在依法采取失信惩戒或者限制消费措施前，原则上要给予三个月的宽限期。

健全完善信用修复机制，失信名单信息依法应当删除或撤销的，应当及时采取删除或撤销措施。失信名单信息被依法删除或撤销，被执行人因求职、借贷等被有关单位要求提供信用修复证明的，经被执行人申请，人民法院可以就删除或撤销情况出具相关证明材料。受疫情影响较大的被执行企业尤其是中小微企业确因复工复产需要，申请暂时解除失信惩戒措施的，人民法院应当积极与申请执行人沟通，在征得其同意后及时予以解除。

八、合理减免被执行人加倍部分债务利息。被执行人以疫情或者疫情防控措施直接导致其无法及时履行义务为由，申请减免《中华人民共和国民事诉讼法》第二百五十三条规定的相应期间的加倍部分债务利息，人民法院经审查属实的，应予支持；被执行人申请减免生效法律文书确定的一般债务利息的，不予支持，但申请执行人同意的除外。

九、充分发挥破产和解、重整制度的保护功能。对执行债权人人数众多，特别是多个执行债权人正在申请分配案款的案件，被执行企业因疫情影响导致生产经营困难不能清偿所有执行债务的，人民法院要积极引导各方当事人进行协商，依法为被执行企业缓解债务压力、恢复生产经营创造条件；多个案件由不同法院管辖的，上级法院要加强统筹协调，通过提级执行、指定执行等方式协调案件进行集中办理，力争促成各方当事人达成解决债务的“一揽子”协议。当事人未能达成协议且案件符合移送破产审查条件，通过破产和解或重整能够帮助被执行企业恢复经营的，人民法院要进一步加强立审执协调配合，畅通执行移送破产工作渠道，充分发挥破产和解和破产重整制度的保护功能，帮助企业及时走出困境。人民法院在执行过程中，要严格防止被执行企业通过破产程序逃避债务，依法保障执行债权人合法权益。

十、充分利用信息化手段推动执行工作。充分利用“智慧法院”建设成果，特别是以现代信息技术为支撑的执行信息化系统，强化上级法院对下级法院执行工作的监督管理，提高执行效率，降低执行成本，提高执行效果，降低负面效应，避免引发新的矛盾和纠纷。依法优先采取网络查控、网络询价、网络司法拍卖、网络收发案款等在线执行措施，积极通过线上方式开展立案、询问谈话、执行和解、申诉信访、执行辅助等工作，充分满足人民群众的司法需求，确保疫情期间人民法院执行工作平稳有序运行。

最高人民法院
关于依法妥善审理涉新冠肺炎疫情民事案件若干问题的指导意见（二）

2020 年 5 月 15 日　　法发〔2020〕17 号

为进一步贯彻落实党中央关于统筹推进新冠肺炎疫情防控和经济社会发展工作部署，扎实做好“六稳”工作，落实“六保”任务，指导各级人民法院依法妥善审理涉新冠肺炎疫情合同、金融、破产等民事案件，提出如下指导意见。

一、关于合同案件的审理

1. 疫情或者疫情防控措施导致当事人不能按照约定的期限履行买卖合同或者履行成本增加，继续履行不影响合同目的的实现，当事人请求解除合同的，人民法院不予支持。

疫情或者疫情防控措施导致出卖人不能按照约定的期限完成订单或者交付货物，继续履行不能实现买受人的合同目的，买受人请求解除合同，返还已经支付的预付款或者定金的，人民法院应予支持；买受人请求出卖人承担违约责任的，人民法院不予支持。

2. 买卖合同能够继续履行，但疫情或者疫情防控措施导致人工、原材料、物流等履约成本显著增加，或者导致产品大幅降价，继续履行合同对一方当事人明显不公平，受不利影响的当事人请求调整价款的，人民法院应当结合案件的实际情况，根据公平原则调整价款。疫情或者疫情防控措施导致出卖人不能按照约定的期限交货，或者导致买受人不能按照约定的期限付款，当事人请求变更履行期限的，人民法院应当结合案件的实际情况，根据公平原则变更履行期限。

已经通过调整价款、变更履行期限等方式变更合同，当事人请求对方承担违约责任的，人民法院不予支持。

3. 出卖人与买受人订立防疫物资买卖合同后，将防疫物资高价转卖他人致使合同不能履行，买受人请求将出卖人所得利润作为损失赔偿数额的，人民法院应予支持。因政府依法调用或者临时征用防疫物资，致使出卖人不能履行买卖合同，买受人请求出卖人承担违约责任的，人民法院不予支持。

4. 疫情或者疫情防控措施导致出卖人不能按照商品房买卖合同约定的期限交付房屋，或者导致买受人不能按照约定的期限支付购房款，当事人请求解除合同，由对方当事人承担违约责任的，人民法院不予支持。但是，当事人请求变更履行期限的，人民法院应当结合案件的实际情况，根据公平原则进行变更。

5. 承租房屋用于经营，疫情或者疫情防控措施导致承租人资金周转困难或者营业收入明显减少，出租人以承租人没有按照约定的期限支付租金为由请求解除租赁合同，由承租人承担违约责任的，人民法院不予支持。

为展览、会议、庙会等特定目的而预订的临时场地租赁合同，疫情或者疫情防控措施导致该活动取消，承租人请求解除租赁合同，返还预付款或者定金的，人民法院应予支持。

6.承租国有企业房屋以及政府部门、高校、研究院所等行政事业单位房屋用于经营，受疫情或者疫情防控措施影响出现经营困难的服务业小微企业、个体工商户等承租人，请求出租人按照国家有关政策免除一定期限内的租金的，人民法院应予支持。

承租非国有房屋用于经营，疫情或者疫情防控措施导致承租人没有营业收入或者营业收入明显减少，继续按照原租赁合同支付租金对其明显不公平，承租人请求减免租金、延长租期或者延期支付租金的，人民法院可以引导当事人参照有关租金减免的政策进行调解；调解不成的，应当结合案件的实际情况，根据公平原则变更合同。

7.疫情或者疫情防控措施导致承包方未能按照约定的工期完成施工，发包方请求承包方承担违约责任的，人民法院不予支持；承包方请求延长工期的，人民法院应当视疫情或者疫情防控措施对合同履行的影响程度酌情予以支持。

疫情或者疫情防控措施导致人工、建材等成本大幅上涨，或者使承包方遭受人工费、设备租赁费等损失，继续履行合同对承包方明显不公平，承包方请求调整价款的，人民法院应当结合案件的实际情况，根据公平原则进行调整。

8.当事人订立的线下培训合同，受疫情或者疫情防控措施影响不能进行线下培训，能够通过线上培训、变更培训期限等方式实现合同目的，接受培训方请求解除的，人民法院不予支持；当事人请求通过线上培训、变更培训期限、调整培训费用等方式继续履行合同的，人民法院应当结合案件的实际情况，根据公平原则变更合同。

受疫情或者疫情防控措施影响不能进行线下培训，通过线上培训方式不能实现合同目的，或者案件实际情况表明不宜进行线上培训，接受培训方请求解除合同的，人民法院应予支持。具有时限性要求的培训合同，变更培训期限不能实现合同目的，接受培训方请求解除合同的，人民法院应予支持。培训合同解除后，已经预交的培训费，应当根据接受培训的课时等情况全部或者部分予以返还。

9. 限制民事行为能力人未经其监护人同意，参与网络付费游戏或者网络直播平台“打赏”等方式支出与其年龄、智力不相适应的款项，监护人请求网络服务提供者返还该款项的，人民法院应予支持。

二、关于金融案件的审理

10. 对于受疫情或者疫情防控措施影响较大的行业，以及具有发展前景但受疫情或者疫情防控措施影响暂遇困难的企业特别是中小微企业所涉金融借款纠纷，人民法院在审理中要充分考虑中国人民银行等五部门发布的《关于进一步强化金融支持防控新型冠状病毒感染肺炎疫情的通知》等系列金融支持政策：对金融机构违反金融支持政策提出的借款提前到期、单方解除合同等诉讼主张，人民法院不予支持；对金融机构收取的利息以及以咨询费、担保费等其他费用为名收取的变相利息，要严格依据国家再贷款再贴现等专项信贷优惠利率政策的规定，对超出部分不予支持；对因感染新冠肺炎住院治疗或者隔离人员、疫情防控需要隔离观察人员、参加疫情防控工作人员以及受疫情或者疫情防控措施影响暂时失去收入来源的人员所涉住房按揭、信用卡等个人还贷纠纷，人民法院应当结合案件的实际情况，根据公平原则变更还款期限。

11. 防疫物资生产经营企业以其生产设备、原材料、半成品、产品等动产设定浮动抵押，抵押权人依照《中华人民共和国民事诉讼法》第一百九十六条的规定申请实现担保物权的，人民法院受理申请后，被申请人或者利害关系人能够证明实现抵押权将危及企业防疫物资生产经营的，可待疫情或者疫情防控措施影响因素消除后再行处理。

12. 对于因疫情防控期间证券市场价格波动引发的股票质押和融资融券纠纷，应当区分不同情形处理：对于债权人为证券公司的场内股票质押和融资融券纠纷，人民法院可以参照中国证监会发布的有关政策，引导证券公司按照政策与不同客户群体协商解决纠纷；协商不成的，对于客户要求证券公司就违规强行平仓导致损失扩大部分承担赔偿责任的诉讼请求，依法予以支持。对于债权人为其他金融机构的场外股票质押纠纷，人民法院应当充分考虑股票质权实现对上市公司正常经营的影响，加强政策引导和各方利益协调，努力降低对证券市场的影响。

13. 人民法院审理因上市公司虚假陈述侵权民事赔偿案件，在认定投资者损失数额时，应当根据《最高人民法院关于审理证券市场因虚假陈述引发的民事赔偿案件的若干规定》第十九条第四项的规定，区分疫情或者疫情防控措施影响因素和虚假陈述因素所导致的股价下跌损失，依法公平、合理确定损失赔偿范围。

14. 对于批发零售、住宿餐饮、物流运输、文化旅游等受疫情或者疫情防控措施影响严重的公司或者其股东、实际控制人与投资方因履行“业绩对赌协议”引发的纠纷，人民法院应当充分考虑疫情或者疫情防控措施对目标公司业绩影响的实际情况，引导双方当事人协商变更或者解除合同。当事人协商不成，按约定的业绩标准或者业绩补偿数额继续履行对一方当事人明显不公平的，人民法院应当结合案件的实际情况，根据公平原则变更或者解除合同；解除合同的，应当依法合理分配因合同解除造成的损失。

“业绩对赌协议”未明确约定公司中小股东与控股股东或者实际控制人就业绩补偿承担连带责任的，对投资方要求中小股东与公司、控制股东或实际控制人共同向其承担连带责任的诉讼请求，人民法院不予支持。

15. 在审理与疫情或者疫情防控措施相关的医疗保险合同纠纷案件时，对于保险人提出的该疾病不属于商业医疗保险合同约定的重大疾病范围或者保险事故的抗辩，人民法院不予支持。感染新冠肺炎的被保险人因疫情或者疫情防控措施未在保险合同约定的医疗服务机构接受治疗发生的约定费用，被保险人、受益人依据保险合同的约定向保险人请求赔付的，人民法院应予支持。被保险人因其他疾病在非保险合同约定的医疗服务机构接受治疗发生的约定费用，确系疫情或者疫情防控措施等客观原因造成，被保险人、受益人请求赔付的，人民法院应予支持。被保险人、受益人根据疫情防控期间保险公司赠与的医疗保险合同的约定请求赔付的，人民法院应予支持。

16. 在审理融资租赁公司与医疗服务机构之间开展的医疗设备融资租赁业务所引发的民事纠纷案件时，对于医疗服务机构以融资租赁公司未取得医疗器械销售行政许可为由主张融资租赁合同无效的抗辩，人民法院不予支持。

三、关于破产案件的审理

17. 企业受疫情或者疫情防控措施影响不能清偿到期债务，债权人提出破产申请的，人民法院应当积极引导债务人与债权人进行协商，通过采取分期付款、延长债务履行期限、变更合同价款等方式消除破产申请原因，或者引导债务人通过庭外调解、庭外重组、预重整等方式化解债务危机，实现对企业尽早挽救。

18. 人民法院在审查企业是否符合破产受理条件时，要注意审查企业陷入困境是否因疫情或者疫情防控措施所致而进行区别对待。对于疫情暴发前经营状况良好，因疫情或者疫情防控措施影响而导致经营、资金周转困难无法清偿到期债务的企业，要结合企业持续经营能力、所在行业的发展前景等因素全面判定企业清偿能力，防止简单依据特定时期的企业资金流和资产负债情况，裁定原本具备生存能力的企业进入破产程序。对于疫情暴发前已经陷入困境，因疫情或者疫情防控措施导致生产经营进一步恶化，确已具备破产原因的企业，应当依法及时受理破产申请，实现市场优胜劣汰和资源重新配置。

19. 要进一步推进执行与破产程序的衔接。在执行程序中发现被执行人因疫情影响具备破产原因但具有挽救价值的，应当通过释明等方式引导债权人或者被执行人将案件转入破产审查，合理运用企业破产法规定的执行中止、保全解除、停息止付等制度，有效保全企业营运价值，为企业再生赢得空间。同时积极引导企业适用破产重整、和解程序，全面解决企业债务危机，公平有序清偿全体债权人，实现对困境企业的保护和拯救。

执行法院作出移送决定前已经启动的司法拍卖程序，在移送决定作出后可以继续进行。拍卖成交的，拍卖标的不再纳入破产程序中债务人财产范围，但是拍卖所得价款应当按照破产程序依法进行分配。执行程序中已经作出资产评估报告或者审计报告，且评估结论在有效期内或者审计结论满足破产案件需要的，可以在破产程序中继续使用。

20. 在破产重整程序中，对于因疫情或者疫情防控措施影响而无法招募投资人、开展尽职调查以及协商谈判等原因不能按期提出重整计划草案的，人民法院可以依债务人或者管理人的申请，根据疫情或者疫情防控措施对重整工作的实际影响程度，合理确定不应当计入企业破产法第七十九条规定期限的期间，但一般不得超过六个月。

对于重整计划或者和解协议已经进入执行阶段，但债务人因疫情或者疫情防控措施影响而难以执行的，人民法院要积极引导当事人充分协商予以变更。协商变更重整计划或者和解协议的，按照《全国法院破产审判工作会议纪要》第 19 条、第 20 条的规定进行表决并提交法院批准。但是，仅涉及执行期限变更的，人民法院可以依债务人或债权人的申请直接作出裁定，延长的期限一般不得超过六个月。

21. 要切实保障债权人的实体权利和程序权利，减少疫情或者疫情防控措施对债权人权利行使造成的不利影响。受疫情或者疫情防控措施影响案件的债权申报期限，可以根据具体情况采取法定最长期限。债权人确因疫情或者疫情防控措施影响无法按时申报债权或者提供有关证据资料，应当在障碍消除后十日内补充申报，补充申报人可以不承担审查和确认补充申报债权的费用。因疫情或者疫情防控措施影响，确有必要延期组织听证、召开债权人会议的，应当依法办理有关延期手续，管理人应当提前十五日告知债权人等相关主体，并做好解释说明工作。

22. 要最大限度维护债务人的持续经营能力，充分发挥共益债务融资的制度功能，为持续经营提供资金支持。债务人企业具有继续经营的能力或者具备生产经营防疫物资条件的，人民法院应当积极引导和支持管理人或者债务人根据企业破产法第二十六条、第六十一条的规定继续债务人的营业，在保障债权人利益的基础上，选择适当的经营管理模式，充分运用府院协调机制，发掘、释放企业产能。

坚持财产处置的价值最大化原则，积极引导管理人充分评估疫情或者疫情防控措施对资产处置价格的影响，准确把握处置时机和处置方式，避免因资产价值的不当贬损而影响债权人利益。

23. 疫情防控期间，要根据《最高人民法院关于推进破产案件依法高效审理的意见》的要求，进一步推进信息化手段在破产公告通知、债权申报、债权人会议召开、债务人财产查询和处置、引进投资人等方面的深度应用，在加大信息公开和信息披露力度、依法保障债权人的知情权和参与权的基础上，助力疫情防控工作，进一步降低破产程序成本，提升破产程序效率。

最高人民法院
关于依法妥善审理涉新冠肺炎疫情民事案件若干问题的指导意见（三）

2020 年 6 月 8 日　　法发〔2020〕20 号

为依法妥善审理涉新冠肺炎疫情涉外商事海事纠纷等案件，平等保护中外当事人合法权益，营造更加稳定公平透明、可预期的法治化营商环境，依照法律、司法解释相关规定，结合审判实践经验，提出如下指导意见。

一、关于诉讼当事人

1. 外国企业或者组织向人民法院提交身份证明文件、代表人参加诉讼的证明，因疫情或者疫情防控措施无法及时办理公证、认证或者相关证明手续，申请延期提交的，人民法院应当依法准许，并结合案件实际情况酌情确定延长的合理期限。

在我国领域内没有住所的外国人、无国籍人、外国企业和组织从我国领域外寄交或者托交的授权委托书，因疫情或者疫情防控措施无法及时办理公证、认证或者相关证明手续，申请延期提交的，人民法院依照前款规定处理。

二、关于诉讼证据

2. 对于在我国领域外形成的证据，当事人以受疫情或者疫情防控措施影响无法在原定的举证期限内提供为由，申请延长举证期限的，人民法院应当要求其说明拟收集、提供证据的形式、内容、证明对象等基本信息。经审查理由成立的，应当准许，适当延长举证期限，并通知其他当事人。延长的举证期限适用于其他当事人。

3. 对于一方当事人提供的在我国领域外形成的公文书证，因疫情或者疫情防控措施无法及时办理公证或者相关证明手续，对方当事人仅以该公文书证未办理公证或者相关证明手续为由提出异议的，人民法院可以告知其在保留对证明手续异议的前提下，对证据的关联性、证明力等发表意见。

经质证，上述公文书证与待证事实无关联，或者即使符合证明手续要求也无法证明待证事实的，对提供证据一方的当事人延长举证期限的申请，人民法院不予准许。

三、关于时效、期间

4. 在我国领域内没有住所的当事人因疫情或者疫情防控措施不能在法定期间提出答辩状或者提起上诉，分别依据《中华人民共和国民事诉讼法》第二百六十八条、第二百六十九条的规定申请延期的，人民法院应当依法准许，并结合案件实际情况酌情确定延长的合理期限。但有证据证明当事人存在恶意拖延诉讼情形的，对其延期申请，不予准许。

5. 根据《中华人民共和国民事诉讼法》第二百三十九条和《最高人民法院关于适用〈中华人民共和国民事诉讼法〉的解释》第五百四十七条的规定，当事人申请承认和执行外国法院作出的发生法律效力的判决、裁定或者外国仲裁裁决的期间为二年。在时效期间的最后六个月内，当事人因疫情或者疫情防控措施不能提出承认和执行申请，依据《中华人民共和国民法总则》第一百九十四条第一款第一项规定主张时效中止的，人民法院应予支持。

四、关于适用法律

6. 对于与疫情相关的涉外商事海事纠纷等案件的适用法律问题，人民法院应当依照《中华人民共和国涉外民事关系法律适用法》等法律以及相关司法解释的规定，确定应当适用的法律。

应当适用我国法律的，关于不可抗力规则的具体适用，按照《最高人民法院关于依法妥善审理涉新冠肺炎疫情民事案件若干问题的指导意见（一）》执行。

应当适用域外法律的，人民法院应当准确理解该域外法中与不可抗力规则类似的成文法规定或者判例法的内容，正确适用，不能以我国法律中关于不可抗力的规定当然理解域外法的类似规定。

7. 人民法院根据《最高人民法院关于适用〈中华人民共和国涉外民事关系法律适用法〉若干问题的解释（一）》第四条的规定，确定国际条约的适用。对于条约不调整的事项，应当通过我国法律有关冲突规范的指引，确定应当适用的法律。

人民法院在适用《联合国国际货物销售合同公约》时，要注意，我国已于2013年撤回了关于不受公约第11条以及公约中有关第11条内容约束的声明，仍然保留了不受公约第1条第1款（b）项约束的声明。关于某一国家是否属于公约缔约国以及该国是否已作出相应保留，可查阅联合国国际贸易法委员会官方网站刊载的公约缔约国状况予以确定。此外，根据公约第4条的规定，公约不调整合同的效力以及合同对所售货物所有权可能产生的影响。对于这两类事项，应当通过我国法律有关冲突规范的指引，确定应当适用的法律，并根据该法律作出认定。

当事人以受疫情或者疫情防控措施影响为由，主张部分或者全部免除合同责任的，人民法院应当依据公约第79条相关条款的规定进行审查，严格把握该条所规定的适用条件。对公约条款的解释，应当依据其用语按其上下文并参照公约的目的及宗旨所具有的通常意义，进行善意解释。同时要注意，《〈联合国国际货物销售合同公约〉判例法摘要汇编》并非公约的组成部分，审理案件过程中可以作为参考，但不能作为法律依据。

五、关于涉外商事案件的审理

8. 在审理信用证纠纷案件时，人民法院应当遵循信用证的独立抽象性原则与严格相符原则。准确区分恶意不交付货物与因疫情或者疫情防控措施导致不能交付货物的情形，严格依据《最高人民法院关于审理信用证纠纷案件若干问题的规定》第十一条的规定，审查当事人以存在信用证欺诈为由，提出中止支付信用证项下款项的申请应否得到支持。

适用国际商会《跟单信用证统一惯例》（UCP600）的，人民法院要正确适用该惯例第36条关于银行不再进行承付或者议付的具体规定。当事人主张因疫情或者疫情防控措施导致银行营业中断的，人民法院应当依法对是否构成该条规定的不可抗力作出认定。当事人关于不可抗力及其责任另有约定的除外。

9. 在审理独立保函纠纷案件时，人民法院应当遵循保函独立性原则与严格相符原则。依据《最高人民法院关于审理独立保函纠纷案件若干问题的规定》第十二条的规定，严格认定构成独立保函欺诈的情形，并依据该司法解释第十四条的规定，审查当事人以独立保函欺诈为由，提出中止支付独立保函项下款项的申请应否得到支持。

独立保函载明适用国际商会《见索即付保函统一规则》（URDG758）的，人民法院要正确适用该规则第 26 条因不可抗力导致独立保函或者反担保函项下的交单或者付款无法履行的规定以及相应的展期制度的规定。当事人主张因疫情或者疫情防控措施导致相关营业中断的，人民法院应当依法对是否构成该条规定的不可抗力作出认定。当事人关于不可抗力及其责任另有约定的除外。

六、关于运输合同案件的审理

10. 根据《中华人民共和国合同法》第二百九十一条的规定，承运人应当按照约定的或者通常的运输路线将货物运输到约定地点。承运人提供证据证明因运输途中运输工具上发生疫情需要及时确诊、采取隔离等措施而变更运输路线，承运人已及时通知托运人，托运人主张承运人违反该条规定的义务的，人民法院不予支持。

承运人提供证据证明因疫情或者疫情防控，起运地或者到达地采取禁行、限行防控措施等而发生运输路线变更、装卸作业受限等导致迟延交付，并已及时通知托运人，承运人主张免除相应责任的，人民法院依法予以支持。

七、关于海事海商案件的审理

11. 承运人在船舶开航前和开航当时，负有谨慎处理使船舶处于适航状态的义务。承运人未谨慎处理，导致船舶因采取消毒、熏蒸等疫情防控措施不适合运载特定货物，或者持证健康船员的数量不能达到适航要求，托运人主张船舶不适航的，人民法院依法予以支持。

托运人仅以船舶曾经停靠过受疫情影响的地区或者船员中有人感染新冠肺炎为由，主张船舶不适航的，人民法院不予支持。

12. 船舶开航前，因疫情或者疫情防控措施出现以下情形，导致运输合同不能履行，承运人或者托运人请求依据《中华人民共和国海商法》第九十条的规定解除合同的，人民法院依法予以支持：（1）无法在合理期间内配备必要的船员、物料；（2）船舶无法到达装货港、目的港；（3）船舶一旦进入装货港或者目的港，无法再继续正常航行、靠泊；（4）货物被装货港或者目的港所在国家或者地区列入暂时禁止进出口的范围；（5）托运人因陆路运输受阻，无法在合理期间内将货物运至装货港码头；（6）因其他不能归责于承运人和托运人的原因致使合同不能履行的情形。

13. 目的港具有因疫情或者疫情防控措施被限制靠泊卸货等情形，导致承运人在目的港邻近的安全港口或者地点卸货，除合同另有约定外，托运人或者收货人请求承运人承担违约责任的，人民法院不予支持。

承运人卸货后未就货物保管作出妥善安排并及时通知托运人或者收货人，托运人或者收货人请求承运人承担相应责任的，人民法院依法予以支持。

14. 因疫情或者疫情防控措施导致集装箱超期使用，收货人或者托运人请求调减集装箱超期使用费的，人民法院应尽可能引导当事人协商解决。协商不成的，人民法院可以结合案件实际情况酌情予以调减，一般应以一个同类集装箱重置价格作为认定滞箱费数额的上限。

15. 货运代理企业以托运人名义向承运人订舱后，承运人因疫情或者疫情防控措施取消航次或者变更航期，托运人主张由货运代理企业赔偿损失的，人民法院不予支持。但货运代理企业未尽到勤勉和谨慎义务，未及时就航次取消、航期变更通知托运人，或者在配合托运人处理相关后续事宜中存在过错，托运人请求货运代理企业承担相应责任的，人民法院依法予以支持。

16. 除合同另有约定外，船舶修造企业以疫情或者疫情防控措施导致劳动力不足、设备物资交付延期，无法及时复工为由，请求延展交船期限的，人民法院可根据疫情或者疫情防控措施对船舶修造进度的影响程度，酌情予以支持。

因受疫情或者疫情防控措施影响，船舶延期交付导致适用新的船舶建造标准的，除合同另有约定外，当事人请求分担因此增加的成本与费用，人民法院应当综合考虑疫情或者疫情防控措施对迟延交船的影响以及当事人履行合同是否存在可归责事由等因素，酌情予以支持。

17.2020 年 1 月 29 日《交通运输部关于统筹做好疫情防控与水路运输保障有关工作的紧急通知》规定，严禁港口经营企业以疫情防控为名随意采取禁限货运船舶靠港作业、锚地隔离 14 天等措施。在港口经营企业所在地的海事部门、港口管理部门没有明确要求的情况下，港口经营企业擅自以检疫隔离为由限制船舶停泊期限，船舶所有人或者经营人请求其承担赔偿责任的，人民法院依法予以支持。

八、关于诉讼绿色通道

18. 在审理与疫情相关的涉外商事海事纠纷等案件中，人民法院要积极开辟诉讼绿色通道，充分运用智慧法院建设成果，坚持线上与线下服务有机结合，优化跨域诉讼服务，健全在线诉讼服务规程和操作指南，确保在线诉讼各环节合法规范、指引清晰、简便易行。

九、关于涉港澳台案件的审理

19. 人民法院审理涉及香港特别行政区、澳门特别行政区和台湾地区的与疫情相关的商事海事纠纷等案件，可以参照本意见执行。

最高人民法院 司法部 文化和旅游部
关于依法妥善处理涉疫情旅游合同纠纷有关问题的通知

2020 年 7 月 13 日　　法〔2020〕182 号

各省、自治区、直辖市高级人民法院、司法厅（局）、文化和旅游厅（局），解放军军事法院，新疆维吾尔自治区高级人民法院生产建设兵团分院、新疆生产建设兵团司法局、新疆生产建设兵团文化体育广电和旅游局：

为贯彻落实党中央关于统筹推进疫情防控和经济社会发展工作部署，扎实做好“六稳”工作，落实“六保”任务，依法妥善化解涉疫情旅游合同纠纷，切实保障在常态化疫情防控中加快推进生产生活秩序全面恢复，抓紧解决复工复产面临的困难和问题，力争把疫情造成的损失降到最低限度，保障人民群众生命安全和身体健康，现将有关事项通知如下。

一、处理涉疫情旅游合同纠纷的基本要求

1. 增强大局意识。旅游业是国民经济的重要支柱产业，推动旅游业平稳健康发展，对于促进经济平稳增长、持续改善民生具有重大意义。新冠肺炎疫情给旅游行业造成巨大冲击，由此导致旅游合同纠纷数量激增。文

化和旅游部门、司法行政部门、人民法院要充分认识妥善处理旅游合同纠纷的重要意义，增强责任意识，发挥好行政机关与审判机关化解纠纷的职能作用，协同处理涉疫情旅游合同纠纷，为促进旅游业与经济社会持续发展、维护社会稳定提供服务和保障。

2. 妥善化解纠纷。文化和旅游部门、司法行政部门、人民法院应当始终以法律为准绳，客观、全面、公平认定疫情在具体案件中对旅游经营者、旅游者造成的影响，在明确法律关系性质和合同双方争议焦点的基础上，平衡各方利益，兼顾旅游者权益保护与文化旅游产业发展，积极、正面引导旅游经营者和旅游者协商和解、互谅互让、共担风险、共渡难关，妥善化解纠纷，争取让绝大多数涉疫情旅游合同纠纷以非诉讼方式解决，维护良好的旅游市场秩序。

二、建立健全多元化解和联动机制

3. 建立旅游合同纠纷多元化解机制。文化和旅游部门、司法行政部门、人民法院应当充分发挥矛盾纠纷多元化解机制作用，坚持把非诉讼纠纷解决机制挺在前面，强化诉源治理、综合治理，形成人民调解、行政调解、司法调解优势互补、对接顺畅的调解联动工作机制。文化和旅游部门、人民调解组织应当充分发挥调解职能作用，及时组织调解。司法行政部门应当组织律师积极参与旅游合同纠纷调解，充分发挥律师调解专业优势。当事人起诉的，人民法院可以征得当事人同意后，通过人民法院调解平台，委派或者委托特邀调解组织、特邀调解员进行调解。对调解不成的简易案件，人民法院应当速裁快审，努力做到能调则调，当判则判，及时定分止争。

4. 畅通矛盾纠纷化解的协作对接渠道。文化和旅游部门、司法行政部门、人民法院应当发挥主观能动性，在兼顾法、理、情的基础上主动服务、创新服务。各部门、各单位之间主动加强沟通协调，共享信息，相互支持配合，形成工作合力。文化和旅游部门、司法行政部门对投诉、调解中反映出的新问题应及时与人民法院沟通。人民法院与当地文化和旅游部门、司法行政部门共同研判纠纷化解思路，确保纠纷处理的社会效果和法律效果统一。

5. 充分发挥非诉讼纠纷化解机制作用。文化和旅游部门指导旅游经营者通过网络、电话、面谈等多种沟通方式加速涉疫情旅游合同纠纷的处理，简化流程、缩短时间；指导旅游经营者对员工进行培训，有效提升处理投诉人员业务水平，做好解释和安抚工作；做好涉疫情旅游合同纠纷的投诉处理工作，引导投诉人与被投诉人达成和解。人民调解组织可引导当事人选择人民调解调处矛盾纠纷并安排业务精通的调解员进行调解；律师调解工作室（中心）接到人民法院委派、委托调解或者接到当事人调解申请后，积极组织具有相应专业特长的律师调解员进行调解。当事人达成调解协议后，能够即时履行的即时履行，不能即时履行的明确履行时间，并引导当事人对调解协议申请司法确认。人民法院通过司法审查、司法确认等方式为非诉纠纷解决提供支持。

6. 提供便捷高效的诉讼服务。人民法院开辟旅游合同纠纷诉讼绿色通道。有条件的地方可以充分发挥“旅游巡回法庭”在基层一线的作用，及时调处旅游合同纠纷。充分运用在线诉讼平台，开展线上调解、线上审判活动，切实将“智慧法院”用于解决群众实际困难。充分发挥小额速裁程序优势，通过快捷高效的法律服务，实现涉疫情旅游合同案件的快立、快审、快结。

三、依法妥善处理涉疫情旅游合同纠纷

7. 严格执行法律政策。依据民法总则、合同法、旅游法，最高人民法院关于审理旅游纠纷案件适用法律若干问题的规定、关于依法妥善审理涉新冠肺炎疫情民事案件若干问题的指导意见（一），以及文化和旅游部办公厅印发的关于全力做好新型冠状病毒感染的肺炎疫情防控工作暂停旅游企业经营活动的紧急通知等相关法律、司法解释、政策，妥善处理涉疫情旅游合同的解除、费用负担等纠纷。

8. 积极引导变更旅游合同。结合纠纷产生的实际情况，准确把握疫情或者疫情防控措施与旅游合同不能履行之间的因果关系，积极引导当事人在合理范围内调整合同中约定的权利义务关系，包括延期履行合同、替换为其他旅游产品，或者将旅游合同中的权利义务转让给第三人等合同变更和转让行为，助力旅游企业复工复产。旅游经营者与旅游者均同意变更旅游合同的，除双方对旅游费用分担协商一致的以外，因合同变更增加的费用由旅游者承担，减少的费用退还给旅游者。

9. 慎重解除旅游合同。疫情或者疫情防控措施直接导致合同不能履行的，旅游经营者、旅游者应尽可能协商变更旅游合同。旅游经营者、旅游者未就旅游合同变更达成一致且请求解除旅游合同的，请求解除旅游合同的一方当事人应当举证证明疫情或者疫情防控措施对其履行合同造成的障碍，并已在合同约定的或合理的期间内通知合同相对人。旅游合同对解除条件另有约定的遵循合同约定。

10. 妥善处理合同解除后的费用退还。因疫情或者疫情防控措施导致

旅游合同解除的，旅游经营者与旅游者应就旅游费用的退还进行协商。若双方不能协商一致，旅游经营者应当在扣除已向地接社或者履行辅助人支付且不可退还的费用后，将余款退还旅游者。旅游经营者应协调地接社和履行辅助人退费，并提供其已支付相关费用且不能退回的证据，尽力减少旅游者因疫情或者疫情防控措施受到的损失。旅游经营者主张旅游者承担其他经营成本或者经营利润的，不予支持。旅游经营者应及时安排退费，因客观原因导致不能及时退费的，应当及时向旅游者作出说明并出具退款期限书面承诺。

11. 妥善处理安全措施和安置费用的负担。因疫情影响旅游者人身安全，旅游经营者应当采取相应的安全措施，因此支出的费用，由旅游经营者与旅游者分担。因疫情或者疫情防控措施造成旅游者滞留的，旅游经营者应当采取相应的合理安置措施，因此增加的食宿费用由旅游者承担，增加的返程费用由旅游经营者与旅游者分担。

12. 妥善认定减损和通知义务。旅游经营者、履行辅助人与旅游者均应当采取措施减轻疫情或疫情防控措施对合同当事人造成的损失，为防止扩大损失而支出的合理费用，可依公平原则予以分担。旅游经营者和旅游者应将受疫情或者疫情防控措施影响不能履行合同的情况及时通知对方，以减轻对方的损失。旅游经营者或旅游者未履行或未及时履行减损和通知义务的，应承担相应责任。

四、做好法律政策宣传工作

13. 主动宣传法律、政策和典型案例。文化和旅游部门、司法行政部门、人民法院应当加大对涉疫情法律法规、政策文件等的解释和宣传力度，通过报纸、电视台、电台及各类新媒体解答涉疫情旅游合同纠纷热点问题，增强民众依法处理纠纷的自觉性，倡导旅游者理性维权。不断总结经验，宣传典型案例，提升涉疫情旅游合同矛盾纠纷多元化解机制在全社会的影响力和公信力。

14. 共同维护社会稳定。涉疫情旅游合同纠纷牵涉面广、群体效应强，文化和旅游部门、司法行政部门、人民法院应密切关注各类媒体报道及投诉过程中的特殊情况，预防发生负面舆情和群体性事件，努力为统筹推进疫情防控和经济社会发展工作提供更加有力的服务和保障。

最高人民法院
关于人民法院服务保障进一步扩大对外开放的指导意见

2020 年 9 月 25 日　　法发〔2020〕37 号

为深入贯彻落实以习近平同志为核心的党中央关于进一步扩大对外开放，推动形成全面开放新格局的重大战略部署，充分发挥人民法院审判职能，为建设更高水平开放型经济新体制提供有力司法服务和保障，结合人民法院工作实际，制定如下指导意见。

一、提高政治站位，找准司法服务保障扩大对外开放的结合点和着力点

1. 增强司法服务保障扩大对外开放的责任感、使命感。进一步扩大对外开放，是全面深化改革，推进经济高质量发展，建设更高水平开放型经济新体制的客观要求；是深化市场化改革，营造法治化国际化便利化营商环境的迫切需要；是应对百年未有之大变局，促进全球治理体系变革，推动合作共赢开放体系的必然趋势；是支持经济全球化，构建人类命运共同体的实际行动。实施更大范围、更宽领域、更深层次的全面开放，标志着

我国已进入由商品和要素流动型开放向规则等制度型开放转变的新阶段，对市场法治环境和司法服务保障提出更高需求。人民法院要以习近平新时代中国特色社会主义思想为指导，全面贯彻党的十九大和十九届二中、三中、四中全会精神，充分认识进一步扩大对外开放新形势对人民法院工作提出的新要求、新挑战，准确把握司法服务保障进一步扩大对外开放的目标任务，加快推进涉外审判体系和审判能力现代化建设，服务国家大局、优化营商环境、深化国际合作，稳住外贸外资基本盘，以更高水平的司法服务保障更高水平对外开放。

2. 找准司法服务保障的结合点和着力点。人民法院要充分发挥审判职能，依法公正高效审理涉外案件，保护中外当事人合法权益，促进内外资企业公平竞争。要以服务保障国家重大战略举措为重点，推动共建“一带一路”、自由贸易试验区建设、海南自由贸易港建设、粤港澳大湾区建设、京津冀协同发展、长江三角洲区域一体化发展、长江经济带发展、深圳中国特色社会主义先行示范区建设、中国－上海合作组织地方经贸合作示范区建设、海洋强国建设。要创新审判机制，研究具有前瞻性和创新性的问题，完善法律适用规则，推动营造稳定公平透明可预期的法治化国际化便利化营商环境。

二、坚持涉外诉讼基本原则，依法保护中外当事人合法权益

3. 坚持依法平等保护。坚持把平等保护中外当事人合法权益贯穿于司法工作全过程各环节，确保中外当事人诉讼地位和诉讼权利平等、法律适用和法律保护平等，努力为中外当事人提供普惠均等、便捷高效、智能精准的司法服务，营造各类主体依法平等使用资源要素、公开公平公正参与

竞争、同等受到法律保护的市场环境。

4. 尊重当事人意思自治。充分尊重并保障中外当事人依法选择管辖法院的权利、依法选择适用法律的权利以及选择调解、仲裁或者诉讼等方式解决纠纷的权利，提高国际商事纠纷解决的自治性。

5. 依法行使司法管辖权。依据我国法律，正确行使司法管辖权，有效维护我国国家司法主权，为中外市场主体提供及时、有效的司法救济。在坚定维护我国司法管辖权的同时，妥善解决涉外司法管辖的国际冲突和国际间平行诉讼问题。

三、深入推进涉外商事海事审判体系现代化建设，服务贸易投资自由化便利化

6. 推动完善涉外法律适用规则体系建设。在涉外商事海事审判中准确适用国际条约、国际惯例和准据法，准确查明和适用外国法律，发挥法院裁判规则的指引作用，引导市场主体在涉外交易中加强与国际规则的对接。切实贯彻实施民法典，及时完善相关司法解释，发布指导性案例，统一法律适用标准。准确适用外商投资法律法规及其司法解释，全面实施外商投资准入前国民待遇加负面清单管理制度，严格限定认定外商投资合同无效的标准，依法维护中外投资者合法权益。积极参与国际条约和规则的制定，推动仲裁法、海上交通安全法、海商法、海事诉讼特别程序法等的修法进程，促进国际货物多式联运、跨国铁路运输单证等国际运输规则的完善。支持我国参与融资、贸易、能源、知识产权、数字信息、农业、环保、水电等领域国际规则标准的制定，推动形成和完善全球性商事法律规则。多语言发布中国法院裁判的指导性案例和典型案例，为各国法院和仲

裁机构正确理解和适用中国法提供基础，增强国际商事主体对中国法律的了解和信任，扩大中国法的影响力。进一步提升域外法查明平台功能，规范完善域外法查明和适用规则，推动域外法查明法律资源及案例数据库建设，提高人民法院在涉外案件中查明和适用域外法的能力。

7. 发挥涉外商事海事审判服务保障跨境贸易的专业优势。坚定支持多边贸易体制和经济全球化，依法妥善审理国际货物买卖、跨境投资并购、融资担保、电子商务等纠纷，积极推动跨境服务贸易和数字贸易等新兴贸易形式的发展，有力保障产业链供应链稳定。及时妥善审理相关的港口建设、船舶建造、航运金融、海上货物运输、邮轮运输、海洋生态保护等海事案件。探索中欧班列、陆海新通道、国际公路运输案件的专业化审判机制，为推进中欧班列、西部陆海新通道等国际物流和贸易大通道建设提供司法服务保障。依法妥善审理涉新冠肺炎疫情涉外商事海事案件，提高涉外商事海事案件审判效率，精准服务保障稳外资、稳外贸基本盘和航运市场健康发展。

8. 推动涉外审判与互联网司法的深度融合。适应开放型经济新体制的需求，充分运用智慧法院建设成果，加强大数据、云计算、区块链、人工智能、5G 等前沿技术在涉外审判领域应用。建设域外当事人诉讼服务平台，为域外当事人提供高效、便捷、低成本的司法服务。完善涉外案件在线立案、在线调解、在线庭审等机制，在当事人同意的基础上运用信息化手段，最大限度为中外当事人参与诉讼提供便利。探索完善涉外案件在线诉讼规则，提升涉外审判信息化水平。鼓励和支持互联网法院以及其他信息化建设基础较好的法院创新司法服务方式和载体，在涉外案件审理、平台建设、诉讼规则、技术运用、网络空间治理等方面先行先试、积累经验、创新规则。

9. 完善国际商事纠纷多元化解决机制。推进最高人民法院国际商事法庭建设，优化办案程序和工作机制，完善国际商事法庭“一站式”纠纷解决平台信息化建设。鼓励并尊重当事人将国际商事纠纷协议选择国际商事法庭管辖，最大限度发挥协议管辖的积极作用。扩大最高人民法院国际商事专家委员会专家委员的遴选范围，充分发挥国际商事专家委员会职能作用。在“一站式”国际商事纠纷多元化解决机制中适当引入域外知名商事仲裁机构、商事调解机构，推进“一带一路”国际商事法律服务示范区建设，为中外当事人提供公正高效便捷的司法服务。支持在上海自由贸易试验区临港新片区、海南自由贸易港等加强国际商事审判力量建设，充分发挥专业审判职能，为自贸区（港）创新发展提供高质量的司法保障。支持境外仲裁机构经登记备案后在特定区域内设立的业务机构，根据仲裁协议受理国际仲裁案件。支持香港特别行政区建设亚太区国际法律及争议解决服务中心，联动打造粤港澳大湾区国际法律服务中心和国际商事争议解决中心，支持港澳律师以调解员的身份参与纠纷解决。支持在粤港澳大湾区内地九市开展香港法律执业者和澳门执业律师从事律师职业试点工作。支持边境地区、重要节点城市、核心区域依照共商共建共享原则，探索区域性的双边、多边争端解决合作机制，建立联合纠纷解决平台。

四、加大对外开放各领域的司法保护力度，营造法治化国际化便利化营商环境

10. 支持政府纵深推进“放管服”改革。依法审理涉外贸、投融资、财政税务、金融创新、知识产权保护、出入境管理、海关监管等方面的行

政案件，坚持合法性审查原则，依法对行政许可、行政处罚、行政强制以及其他行政行为进行司法审查，依法保护行政相对人的合法权益，监督和支持行政机关依法行政，强化实质性化解行政争议，推动法治政府和政务诚信建设。正确处理政府与市场的关系，发挥市场在资源配置中的决定性作用，同时更好发挥政府职能，推动形成权责明确、公平公正、透明高效、法治保障的市场监管格局，为国家宏观经济政策调整提供司法保障。

11. 加强对知识产权的保护力度。严格落实知识产权侵权惩罚性赔偿制度，切实发挥惩罚性赔偿的威慑效应。加强商业秘密保护，依法规制垄断和不正当竞争行为，维护统一开放、公平有序的市场环境。健全技术创新司法保护体系，加大对关键领域和核心技术的知识产权保护力度。完善涉外知识产权诉讼程序，加强对知识产权国际平行诉讼的研究和应对，打造当事人信赖的国际知识产权保护和纠纷解决优选地。严格执行外商投资法及相关行政法规，妥善审理涉外技术转让案件，保障中外企业依照市场化法治化原则开展国际区际技术交流与合作。坚决依法惩治侵犯知识产权犯罪。

12. 妥善处理跨境破产、金融、执行案件。坚持同类债权平等保护原则，积极参与和推动跨境破产国际条约的制定，完善跨境破产协调机制，依法保护债权人和投资人权益。提升涉及跨境投融资、证券、保险等金融纠纷的审判专业化水平。依法妥善审理跨境金融纠纷，准确认定规避国家外汇管制政策的跨境投资行为的法律效力，进一步规范和统一跨境金融法律适用。加强与金融管理机构、行业协会、调解组织协作配合，深入推进银行业纠纷、证券期货纠纷、保险纠纷多元化解机制建设，保护金融消费者合法权益，防范化解金融风险，促进金融业持续健康发展。加大涉外案件执行力度，深化跨境执行国际合作，依法平等保障胜诉中外当事人及时实现权益。积极推动社会信用体系建设，营造良好信用环境和营商环境。

五、防范化解各类重大风险，坚决维护稳定的发展环境

13. 健全重大案件风险防控机制。牢固树立总体国家安全观，统筹国际国内两个大局，坚持底线思维和风险意识，清醒认识我国对外开放面临的国内外形势和风险挑战，健全重大案件风险识别和防控机制，妥善审理贸易、投资、金融、数据流动、生态和公共卫生等领域重大案件，防范化解各类重大风险。严格遵守国际法基本原则和国际关系准则，坚决捍卫我国司法主权和国家安全。

14. 保障国家安全和经济社会秩序。深入参与反渗透反间谍反分裂反恐怖反邪教斗争，严厉打击各种渗透颠覆破坏、间谍、暴力恐怖、民族分裂、宗教极端等危害国家安全的犯罪。进一步加强刑事司法合作，合力打击跨境犯罪。依法惩处投资、贸易、金融、电信网络、知识产权等领域危害国家经济安全的犯罪，积极参与海外安全保护体系建设，有力维护我国发展利益和海外机构、人员安全。切实依法严惩涉及食品药品安全、污染环境、贩卖毒品、贩卖人口等危害人民群众安全、扰乱社会管理和社会主义市场经济秩序的犯罪，为进一步扩大对外开放提供安全稳定的社会环境和良好的经济社会秩序。积极参与网络安全制度建设，共同打击跨国跨地区侵犯公民个人信息等网络犯罪，强化个人信息法律保护，积极构建网络空间命运共同体。

六、深化国际司法协助和司法交流合作，提升中国司法的国际影响力

15. 加强国际司法协助。积极参与缔结双边或者多边司法协助条约，严格依照我国与其他国家缔结或者共同参加的国际条约，或者依据互惠原则，采取积极举措，及时办理司法文书送达、调查取证、承认与执行外国民商事法院判决和外国仲裁裁决等国际司法协助请求。完善承认与执行外国法院民商事判决的程序规则和审查标准。以更加开放、包容的司法态度认定互惠关系，推动各国之间相互承认和执行民商事判决。加强跨境司法合作，参与健全完善双边司法协助条约网络，构建有利于开放型经济新体制的司法环境。

16. 深化国际司法交流合作。进一步拓宽国际司法交流渠道，加强与世界贸易组织、联合国国际贸易法委员会、世界银行集团、世界知识产权组织、国际法院等国际组织合作的广度和深度。积极参与全球治理体系改革和国际法规则制定，促进国际贸易法律规则的协调统一，维护多边贸易体制和国际法治秩序。通过与各国家或地区最高法院商签备忘录等形式，在信息化建设、司法改革、案例研究、法律查明、民商事判决相互承认与执行等重点领域加强交流互鉴，推动法治合作。加强对中国司法制度、司法文化、司法改革、智慧法院建设等方面的对外宣传，讲好中国法治故事，传播中国法治声音。

17. 大力培养高素质涉外审判人才队伍。适应经贸、金融、科技、知识产权、环保、海洋等领域国际司法交流合作和涉外审判的需要，健全涉外审判人才引进、选拔、使用、管理机制，加强以实践为导向的人才培养

机制，开展人民法院与高等院校涉外法律人才的互聘交流和共同培养工作，培养和储备涉外法治人才。与有关国际组织、其他国家国际商事法庭建立常态交流机制，积极支持涉外审判法官参加国际交流，参与相关领域国际规则制定，培养具有国际视野、通晓国际法律规则、熟悉外国法律的涉外法治专业人才，进一步提高涉外审判水平。

第二部分　典型案例

一、依法惩处妨害疫情防控犯罪典型案例（26个）

第一批10个依法惩处妨害疫情防控犯罪典型案例

案例1：田某某妨害传染病防治案——隐瞒武汉旅居史致多人被隔离观察

简要案情

2019年12月22日，被告人田某某乘坐火车从山东济宁前往湖北武昌打工。2020年1月9日，田某某乘坐火车辗转湖北荆州、汉口、河南商丘等地后，返回山东成武县大田集镇家中。1月20日，田某某出现发热、干咳等症状，即到本村卫生室就诊。1月22日，田某某到大田集镇医院就诊，被诊断为肺炎。医护人员询问其是否有武汉旅居史，田某某隐瞒到过武昌、汉口的事实，谎称从石家庄返回家中。1月23日，田某某到成武县人民医院就诊，医护人员询问其近期是否到过武汉，其仍故意隐瞒到过武昌、汉口的事实，被收治于该院呼吸内科普通病房。1月25日，田某某在医护人员得知其有汉口旅居史再次询问时，仍予以否认，在被诊断疑似患有新冠肺炎而转入感染科隔离治疗过程中，不予配合并要求出院。1月26日，田某某被确诊患有新冠肺炎。因田某某违反新冠肺炎疫情防控相关规定，故意隐瞒从武昌、汉口返乡的事实，造成医护人员及同病房病人共37人被隔离观察。

裁判结果

山东省成武县人民法院经审理认为，被告人田某某违反传染病防治法规定，在国家卫生健康委员会宣布对新冠肺炎采取甲类传染病预防、控制措施后，明知应当报告武汉旅居史，却故意隐瞒，拒绝配合医护人员采取防治措施，造成新型冠状病毒传播的严重危险，致37人被隔离观察，其行为构成妨害传染病防治罪，应依法惩处。田某某如实供述自己的犯罪事实，认罪认罚。据此，于2020年3月1日以妨害传染病防治罪判处被告人田某某有期徒刑十个月。

案例2：马某某故意杀人案——持刀杀害两名防疫卡点工作人员

简要案情

2020年2月5日，云南省红河县石头寨乡根据上级安排，在该乡么索村委会通往阿扎河乡洛孟村委会之间设置新冠肺炎疫情防控卡点，开展疫情防控和监测工作，对往来车辆及人员进行信息登记、监测和防疫宣传。2月6日11时许，马某某驾车载么索村委会村民马某龙（另案处理）等人经过么索村委会疫情防控卡点，到洛孟村委会村民马某光（另案处理）家吃饭喝酒，之后马某某驾车搭载马某龙等人准备到马某龙家KTV唱歌。18时20分许，当车辆行至么索村委会疫情防控卡点时，马某龙下车搬除卡点路障，并与前来劝阻的卡点工作人员发生争执。在此过程中，马某某因对卡点工作人员张某某（红河县财政局下派扶贫干部，殁年39岁）持手机拍摄取证的行为不满，遂持随身携带的折叠刀朝张某某胸腹部连续捅刺，又向前来劝阻的卡点工作人员李某某（红河县石头寨乡干部，殁年50岁）腹部捅刺，致张某某、李某某经送医院抢救无效于当日死亡。经鉴定，张某某系因被单刃锐器刺击胸腹部致胸腹腔多脏器破裂急性出血死亡；李某某系因被单刃锐器刺击腹部致肝脏破裂出血死亡。

裁判结果

云南省红河哈尼族彝族自治州中级人民法院经审理认为，被告人马某某在云南省重大突发公共卫生事件一级响应期间，无视国家法律和疫情防控秩序，故意非法剥夺他人生命，其行为构成故意杀人罪。马某某在疫情期间杀害两名疫情防控工作人员，主观恶性极深，犯罪手段残忍，情节极其恶劣，后果特别严重。马某某曾因犯故意伤害罪被判处有期徒刑，在刑罚执行完毕后五年内再犯应当判处有期徒刑以上刑罚之罪，系累犯，应依法从重处罚。马某某虽在案发后自动投案并如实供述犯罪事实，具有自首情节，但其罪行极其严重，不足以从轻处罚。据此，于 2020 年 3 月 1 日以故意杀人罪判处被告人马某某死刑，剥夺政治权利终身。

案例 3：业某某抢劫案——冒充疫情防控人员持刀入户抢劫

简要案情

2020 年 2 月 11 日 14 时许，被告人业某某经事先踩点，携带水果刀、透明胶带到南京市江宁区禄口街道某小区，冒充疫情防控人员，以登记疫情为由骗得小区住户赵某某（被害人，女）打开房门。业某某闯入室内，采取胶带捆绑、持刀威胁等方式向赵某某强行索要 8000 元。赵某某被迫通过微信向他人借款 2000 元，后通过支付宝将 2000 元转入业某某的赌博游戏账户内。业某某威胁赵某某不准报警后逃离现场。

裁判结果

江苏省南京江宁经济技术开发区人民法院经审理认为，被告人业某某在疫情防控期间，冒充疫情防控人员，骗开小区住户房门，持刀入户抢劫，其行为构成抢劫罪，应依法从严惩处。业某某如实供述自己的犯罪事实，认罪认罚。据此，于2020年3月4日以抢劫罪判处被告人业某某有期徒刑十一年，并处罚金人民币四万元，剥夺政治权利二年。

案例4：刘某某编造、故意传播虚假信息案——编造感染新型冠状病毒在公共场所传播的虚假信息

简要案情

2020年1月24日，被告人刘某某在北京市通州区某小区暂住地内，利用微信号编造其感染新型冠状病毒后到公共场所通过咳嗽方式向他人传播的虚假信息，发送至其另一微信号，并将聊天记录截图后通过微信朋友圈、微信群、QQ群传播，直接覆盖人员共计2700余人，并被其他个人微博转发。公安机关掌握该信息后，采取了相应紧急应对措施。

裁判结果

北京市通州区人民法院经审理认为，被告人刘某某在疫情防控期间编造虚假疫情信息，在信息网络上传播，严重扰乱社会秩序，其行为构成编造、故意传播虚假信息罪。刘某某如实供述自己的犯罪事实，认罪认罚。据此，于2020年2月28日以编造、故意传播虚假信息罪判处被告人刘某某有期徒刑八个月。

案例5：赵某某诈骗案——疫情期间虚构销售口罩诈骗财物

简要案情

2020年2月3日至2月9日间，被告人赵某某谎称其有稳定的医用一次性口罩、N95口罩来源，通过微信兜售口罩，将收到的货款用于网络赌博挥霍等。在被害人催要口罩时，赵某某采取给被害人寄送零食的方式拖延，随后变更手机号码、微信等联系方式，使被害人无法与其联系。赵某某采取上述手段先后骗取被害人朱某某、周某、王某等人口罩款合计34.18万余元。

裁判结果

安徽省淮北市相山区人民法院经审理认为，被告人赵某某以非法占有为目的，采取虚构事实的方式，利用网络多次骗取他人财物，其行为构成诈骗罪，且数额巨大。赵某某在疫情防控期间，虚构销售疫情防护用品事实，骗取他人财物，应依法从严惩处。据此，于2020年2月25日以诈骗罪判处被告人赵某某有期徒刑七年九个月，并处罚金人民币四十万元。

案例6：孙某某、蒋某诈骗案——假冒慈善机构骗取疫情募捐

简要案情

2020年1月27日12时许，被告人孙某某、蒋某经预谋打印虚假宣传材料3000份，在北京市西城区多地张贴、散发，假借“市希望工程办公室”“市志愿者协会”之名，以“为抗击新冠肺炎募捐”为由，谎称已联系到口罩等物资的购买渠道，欲欺骗他人向孙某某微信账户转募捐款。当日16时许，孙某某、蒋某到案。截至案发，尚无钱款转入孙某某微信账户。

裁判结果

北京市西城区人民法院经审理认为，被告人孙某某、蒋某以非法占有为目的，在新冠肺炎疫情防控期间假冒慈善机构的名义，以赈灾募捐为

由，欲骗取公私财物，情节严重，其行为均构成诈骗罪。孙某某、蒋某假借抗疫之名，实施诈骗行为，主观恶性深，社会影响恶劣，应依法从严惩处。孙某某、蒋某已着手实施诈骗，因被及时查获而未得逞，系犯罪未遂，可以比照既遂从轻处罚。据此，于2020年2月28日以诈骗罪分别判处被告人孙某某、蒋某有期徒刑十个月，并处罚金人民币一万元。

案例7：叶某妨害公务案——拒不配合疫情防控管理暴力袭警

简要案情

2020年2月2日17时许，被告人叶某驾车载其舅父和胞兄途经湖北省崇阳县新冠肺炎防控指挥部金塘镇寒泉村疫情检测点时，工作人员要求叶某等人检测体温。叶某等人拒绝检测，辱骂工作人员并用车辆堵住检测点，后经人劝导移开，工作人员报警。当日18时许，崇阳县公安局金塘派出所所长张某某带领民警万某、辅警姜某等人到叶某家传唤其接受调查，叶某拒绝并用拳头殴打张某某、姜某等人，其亲属亦撕扯、推搡民警，阻碍民警依法传唤叶某。经鉴定，被害人张某某、姜某损伤程度均为轻微伤。

裁判结果

湖北省崇阳县人民法院经审理认为，被告人叶某在疫情防控期间，拒不配合防控管理，以暴力方法阻碍人民警察执行公务，致二人轻微伤，其行为构成妨害公务罪，应依法从重处罚。叶某有坦白情节，且认罪认罚。综合其犯罪情节，于2020年2月10日以妨害公务罪判处被告人叶某有期徒刑一年三个月。

案例 8：唐某某寻衅滋事案——疫情防控期间在医院暴力伤医

简要案情

2020 年 2 月 6 日 22 时许，被告人唐某某酒后未戴口罩至江苏省建湖县上冈镇草堰口卫生院探望其住院的父亲。因值班医生周某某提醒其戴口罩，并制止其在正在使用的输氧病房内抽烟，唐某某心生不满，与周某某发生口角，继而殴打周某某头面部及颈部，并致周某某衣物损坏。后唐某某又先后殴打前来劝阻的医生王某某、群众姚某某和唐某。经鉴定，被害人周某某、王某某和姚某某的损伤程度均为轻微伤。

裁判结果

江苏省建湖县人民法院经审理认为，被告人唐某某在疫情防控期间在医院随意殴打他人，造成三人轻微伤，情节恶劣，其行为构成寻衅滋事罪，应依法惩处。唐某某如实供述自己的犯罪事实，且已赔偿被害人周某某的经济损失，取得了三被害人的谅解。据此，于 2020 年 2 月 28 日以寻衅滋事罪判处被告人唐某某有期徒刑一年。

案例 9：黄某某非法制造枪支、非法猎捕、杀害珍贵、濒危野生动物、非法持有枪支案——自制枪支猎杀果子狸、小灵猫等野生动物

简要案情

2016 年至 2017 年，被告人黄某某从他人处获得自制预充气式气步枪和自制气枪各一支。2018 年购买一支射钉枪及钢管、瞄准仪等部件，并将射钉枪改造为猎枪用于捕杀野生动物。2019 年 5 月至 11 月，黄某某利用其改装的射钉枪在东印山猎捕 4 只（1 只已被煮食）疑似果子狸的野生动物。11 月 13 日黄某某被抓获，公安机关在其住处搜查出“快排”气枪 1

支、“突鹰”气枪1支、射钉枪改装的疑似枪支1支、瞄准镜1个、钢珠94颗、射钉弹86颗，并从其亲属处查获黄某某猎杀的3只疑似果子狸。经鉴定，3支疑似枪支均具备致伤力，认定为枪支，其中射钉枪改装的枪支是以火药为动力发射非制式枪弹的非制式枪；3只疑似果子狸中有1只为小灵猫，系国家二级重点保护野生动物，另2只为花面狸（俗称果子狸），属于国家保护的有益的或者有重要经济、科学研究价值的陆生野生动物。

裁判结果

重庆市垫江县人民法院经审理认为，被告人黄某某违反国家有关法规，私自制造以火药为动力的非军用枪支1支，其行为构成非法制造枪支罪；违反野生动物保护法规，猎捕、杀害国家二级重点保护野生动物，其行为构成非法猎捕、杀害珍贵、濒危野生动物罪；违反枪支管理规定，非法持有枪支2支，其行为还构成非法持有枪支罪，应依法并罚。黄某某主动投案，如实供述自己的犯罪事实，具有自首情节，依法从轻处罚。据此，于2020年3月4日对被告人黄某某以非法制造枪支罪判处有期徒刑三年；以非法猎捕、杀害珍贵、濒危野生动物罪判处有期徒刑一年六个月，并处罚金人民币一万元；以非法持有枪支罪判处拘役六个月，决定执行有期徒刑四年，并处罚金人民币一万元。

案例10：陈某某非法收购珍贵、濒危野生动物案——介绍他人非法收购穿山甲

简要案情

2019年2月至3月间，被告人陈某某得知薛某（在逃）及吴某某、高

某某（均因还涉嫌其他犯罪另案处理，尚在审查起诉中）等人走私入境一批穿山甲死体后，介绍杨某某（因涉嫌其他犯罪由广西另案处理）向吴某某、高某某等人购买。3 月 2 日，陈某某伙同杨某某一起到高某某入住的广东省广州市花都区某公寓，吴某某、高某某等人提供穿山甲死体一箱交由杨某某验货。次日，陈某某陪同杨某某按照约定到广州市花都区一路段，杨某某以 41.75 万元向吴某某、高某某等人购得穿山甲死体 20 余箱（每箱装有穿山甲死体至少 4 只，合计达 80 只以上），共重 747 公斤。9 月 25 日，陈某某在广西壮族自治区东兴市楠木山边境检查站被民警抓获。

裁判结果

广东省广州市花都区人民法院经审理认为，被告人陈某某违反野生动物保护法规，非法收购国家重点保护的珍贵、濒危野生动物，情节特别严重，其行为构成非法收购珍贵、濒危野生动物罪。陈某某在共同犯罪中实施了介绍杨某某与卖家联系、陪同验货和交易等行为，系从犯。据此，于 2020 年 3 月 5 日以非法收购珍贵、濒危野生动物罪判处被告人陈某某有期徒刑八年，并处罚金人民币五万元。

第二批8个依法惩处妨害疫情防控犯罪典型案例

案例1：上海某工贸有限公司及谢某某非法经营案——疫情期间哄抬口罩价格牟取暴利

简要案情

被告人谢某某系被告单位上海某工贸有限公司的法定代表人、实际经营者。2020年1月初，该公司以每盒5.125元的价格购入一批一次性使用无纺布口罩（规格：50只/盒），在公司网络店铺以每盒7元的价格销售。1月23日至29日间，谢某某将上述口罩的销售价格，陆续涨至每盒21元至每盒198元不等，累计销售1900余盒，销售金额17万余元，违法所得16万余元。

裁判结果

上海市松江区人民法院经审理认为，被告单位上海某工贸有限公司和被告人谢某某在新冠肺炎疫情防控期间，违反国家有关市场经营、价格管理等规定，哄抬口罩价格，牟取暴利，扰乱市场秩序，情节严重，其行为均构成非法经营罪，应依法从严惩处。被告单位、谢某某具有坦白、全部退赔被害人经济损失等情节。据此，于2020年3月23日以非法经营罪分别判处被告单位上海某工贸有限公司罚金人民币二十万元；判处被告人谢某某有期徒刑八个月，并处罚金人民币十八万元。

裁判要旨

在疫情防控期间，违反国家有关市场经营、价格管理等规定，囤积居奇，哄抬疫情防控急需的口罩等防护用品价格的行为具有明显的社会危害性，不仅严重扰乱市场秩序，还制造或加剧了恐慌性需求，破坏社会秩序，严重影响疫情防控和复工复产。此类行为情节严重的，应当以非法经营罪定罪处罚。需要注意的是，对于虽然超出有关价格管理规定，但幅度不大，违法所得不多，对疫情防控没有重大影响，不应当纳入刑事处罚范围，可以由有关部门予以行政处罚。具体到本案，被告单位及被告人在疫情防控期间利用口罩紧俏的“商机”，坐地起价，最高涨价幅度达 28 倍，违法所得数额大，严重扰乱市场秩序，应以非法经营罪定罪处罚。

案例 2：刘某某、王某销售伪劣产品案——销售假冒注册商标的伪劣口罩

简要案情

被告人刘某某系河南某药业有限公司销售员，被告人王某系河南某房地产经纪有限公司总经理。2020 年 1 月 20 日，江苏省宿迁市某区人民政府（以下简称区政府）因新冠肺炎疫情防控工作需要，向宿迁市某医药连锁有限公司股东年某某采购一次性使用医用口罩。1 月 24 日，年某某联系刘某某寻找货源。刘某某从王某处获悉河南省滑县一家庭小作坊（涉案嫌疑人另案处理，尚在侦查中）生产假冒“飘安”牌一次性使用医用口罩，二人商议由王某负责提供货源，销售口罩所得利润双方分成。1 月 25 日，刘某某将王某购买的假冒“飘安”牌口罩 30 箱计 30 万只、假冒“华康”牌口罩 24 箱计 21.6 万只，合计 54 箱 51.6 万只一次性使用医用口罩以 24.9 万元销售给年某某。年某某将上述“飘安”牌一次性使用医用口罩 30 箱运送至区政府指定的某物流园仓库。1 月 26 日，区政府工作人员发现口罩合格证生产日期为 2020 年 2 月 6 日且口罩质量较差，遂予以封存。同日，某连锁医药有限公司法定代表人袁某将上述 24 箱“华康”牌一次性

使用医用口罩销售给宿迁市某镇人民政府、宿迁市某产业园管理委员会等单位。后袁某得知上述“飘安”牌口罩质量存在问题，便联系相关单位，收回尚未使用的口罩，并全额退还了收取的口罩款。2月1日，年某某向公安机关报案。经鉴定，涉案“飘安”牌、“华康”牌口罩均为假冒注册商标的商品；涉案“飘安”牌口罩的细菌过滤效率为40.1%至44.15%，涉案“华康”牌口罩的细菌过滤效率为50.3%至53.3%，均不符合产品标注的一次性使用医用口罩的细菌过滤效率要求（≥95%），且两种口罩的口罩带断裂强力亦不符合质量标准，均为不合格产品。

裁判结果

江苏省宿迁市宿豫区人民法院经审理认为，被告人刘某某、王某在新冠肺炎疫情防控期间销售假冒注册商标的伪劣口罩，销售金额达24.9万元，其行为均构成销售伪劣产品罪。刘某某、王某在共同犯罪中均系主犯，刘某某作用大于王某。刘某某、王某如实供述自己的犯罪事实，认罪认罚，且全部退赔被害人经济损失。据此，于2020年2月28日以销售伪劣产品罪分别判处被告人刘某某有期徒刑二年九个月，并处罚金人民币十六万元；判处被告人王某有期徒刑二年六个月，并处罚金人民币十四万元。

裁判要旨

根据《最高人民法院、最高人民检察院关于办理生产、销售伪劣商品刑事案件具体应用法律若干问题的解释》第十条的规定，实施生产、销售伪劣商品犯罪，同时构成侵犯知识产权、非法经营等其他犯罪的，依照处罚较重的规定定罪处罚。被告人销售假冒注册商标的口罩，如口罩系不合格产品，在同时构成销售假冒注册商标的商品罪和销售伪劣产品罪的情况下，应依照处罚较重的规定定罪处罚。本案销售金额达 24.9 万元，若以销售假冒注册商标的商品罪定罪，因销售金额在 5 万元以上不满 25 万元，依法应在三年以下有期徒刑或者拘役，并处或者单处罚金的幅度内量刑；若以销售伪劣产品罪定罪，因销售金额在 20 万元以上不满 50 万元，依法应在二年以上七年以下有期徒刑，并处销售金额百分之五十以上二倍以下罚金的幅度内量刑。两罪比较，后罪处罚重于前罪，人民法院以销售伪劣产品罪定罪处罚，符合司法解释关于此类情形"择一重罪论处"的规定。

此外，一次性使用医用口罩等医用口罩属于二类医疗器械，销售不符合标准的医用口罩，足以严重危害人体健康的，还可能构成销售不符合标准的医用器材罪，但需严格把握"足以严重危害人体健康"的认定，除涉案医用口罩防护功能不达标以外，还要结合涉案医用口罩的使用场所、人群等综合判断。如果涉案不符合标准的医用口罩主要销往医疗机构、供医护人员使用，通常可以认定为"足以严重危害人体健康"；如果涉案不符合标准的医用口罩销往非疫情高发地区供群众日常使用，则一般难以满足"足以严重危害人体健康"的要件。实践中，对于涉案医用口罩无确实、充分证据证明"足以严重危害人体健康"，适用生产、销售不符合标准的医用器材罪存在障碍或者争议，但是销售金额 5 万元以上，或者货值金额 15 万元以上的，根据刑法和相关司法解释的规定，可以依照生产、销售伪劣产品罪定罪处罚；构成销售假冒注册商标的商品、非法经营等其他犯罪的，也可以相关犯罪论处。具体到本案，涉案一次性使用医用口罩虽然防护功能不符合标准，但并非销往医疗机构、供医护人员使用，也无确实、充分证据证明"足以严重危害人体健康"，故不构成销售不符合标准的医用器材罪。

案例3：王某某、陈某销售伪劣产品案——向药店销售过滤效率严重不符合国家标准的“三无”口罩

简要案情

被告人王某某（女）系黑龙江省哈尔滨市某药业公司临时聘用人员，与被告人陈某原系夫妻关系。2020年1月28日至31日间，王某某、陈某以每只5元的价格购进无生产商厂名、厂址、产品质量检验合格证的“三无”口罩后，在明知口罩产品质量不合格的情况下，按“KN95”口罩名义以每只10元的价格销往药店等处，共计销售口罩9800只，收取货款9.8万元。案发后，上述口罩均被公安机关扣押。经鉴定，涉案口罩颗粒过滤效率仅为6.7%，不符合“KN95”口罩国家标准规定的颗粒过滤效率要求（≥95%），为不合格产品。

裁判结果

黑龙江省哈尔滨市南岗区人民法院经审理认为，被告人王某某、陈某在新冠肺炎疫情防控期间，销售颗粒过滤效率严重不符合国家标准的伪劣口罩，销售金额达9.8万元，其行为均构成销售伪劣产品罪，应依法从严惩处。王某某、陈某如实供述自己的犯罪事实，认罪认罚。据此，于2020年2月25日以销售伪劣产品罪分别判处被告人王某某、陈某有期徒刑一年二个月，并处罚金人民币十万元。

裁判要旨

被告人购进“三无”口罩后，以“KN95”口罩名义对外销售，且所提供的产品说明中亦注明产品为“KN95”无阀、“自吸过滤式防颗粒物呼吸器”，故本案对涉案口罩质量检验时采用了被告人对外宣传的口罩标准，按照国家标准GB2626-2006（呼吸防护用品自吸过滤式防颗粒物呼吸器）

进行了鉴定。本案的社会危害性不仅在于涉案口罩的主要质量指标严重不符合国家标准，还在于被告人将劣质口罩销往药店。通常情况下，老百姓对从药店购买的商品更容易产生信任度，因此向药店销售伪劣产品也具有更大的社会危害性。对此类向药店销售假冒伪劣产品的行为，应依法从严惩处，以保障人民群众的生命健康安全。

案例 4：北京某大药房有限公司及郑某某销售假冒注册商标的商品案——药房为牟取非法利益销售假冒注册商标的口罩

简要案情

被告人郑某某系被告单位北京某大药房有限公司的法定代表人、总经理。2020 年 1 月底至 2 月初，郑某某明知其采购的 1 万个“3M”牌 9001 型口罩及其下属采购的 5 万个“飘安”牌一次性使用医用口罩均无资质证明、检验合格证明及出库票据等材料，且公司员工及消费者反映口罩质量有问题，仍指示被告单位位于北京市的多个门店对外销售，销售金额达 16 万余元，销售所得均归北京某大药房有限公司所有。经鉴定，上述口罩均为假冒注册商标的商品。

裁判结果

北京市海淀区人民法院经审理认为，被告单位北京某大药房有限公司和被告人郑某某为牟取非法利益，销售假冒注册商标的疫情防护用品，销售金额较大，其行为均构成销售假冒注册商标的商品罪。被告单位、郑某某认罪认罚，但考虑到本案发生于全国疫情防控形势严峻的关键时期，应依法从严惩处。据此，于 2020 年 3 月 26 日以销售假冒注册商标的商品罪分别判处被告单位北京某大药房有限公司罚金人民币十五万元；判处被告人郑某某有期徒刑二年，并处罚金人民币十万元。

裁判要旨

本案销售金额为16万余元，即便涉案口罩经鉴定属于不合格产品，若以销售假冒注册商标的商品罪定罪，销售金额在5万元以上不满25万元，依法应在三年以下有期徒刑或者拘役，并处或者单处罚金的幅度内量刑；若以销售伪劣产品罪定罪，销售金额在5万元以上不满20万元，依法应在二年以下有期徒刑或者拘役，并处或者单处销售金额百分之五十以上二倍以下罚金的幅度内量刑。根据“择一重罪处罚”原则，应以销售假冒注册商标的商品罪定罪处罚。

案例5：计某某招摇撞骗案——冒充省卫健委工作人员到口罩生产企业招摇撞骗

简要案情

2020年2月15日，被告人计某某（无业）为获取大量口罩进行销售牟利，伪造浙江省卫生健康委员会印章及公文，冒充浙江省卫生健康委员会工作人员，以调研为名到浙江省嘉兴市口罩生产企业某洁净空气科技有限公司。其间，计某某了解到该公司生产的“KN95”标准的口罩全部被预定采购，获悉公司还有一条废弃的老旧生产线可以生产简易型口罩后，便要求重启这条生产线生产简易型口罩，并承诺其负责协调办理生产许可证，由政府直接采购该批口罩。该公司遂开始调配人力、物力组织简易型口罩试生产。2月18日，计某某为进一步取得公司负责人信任，联系嘉兴市电视台记者到该公司采访，后因记者怀疑其身份而案发。截至2月19日，某洁净空气科技有限公司生产简易型口罩半成品5000余只，造成经济损失 7000 余元，公司生产疫情防控急需物资的正常秩序受到影响。

裁判结果

浙江省平湖市人民法院经审理认为，被告人计某某为牟取非法利益，冒充国家机关工作人员招摇撞骗，其行为构成招摇撞骗罪，应依法从严惩处。计某某曾因犯故意伤害罪被判处有期徒刑，在刑罚执行完毕后五年内再犯应当判处有期徒刑以上刑罚之罪，系累犯，应依法从重处罚。计某某如实供述自己的犯罪事实，认罪认罚。据此，于 2020 年 3 月 11 日以招摇撞骗罪判处被告人计某某有期徒刑十个月。

裁判要旨

被告人为非法获取口罩，在口罩生产企业加班加点生产疫情防疫急需的“KN95”标准口罩之时，冒充国家机关工作人员，蒙骗企业在人手紧张的情况下调集人力、物力重启废弃生产线生产简易型口罩，不仅影响人民群众对国家机关的信任，还干扰了企业正常的生产经营秩序，对此类行为应依法从严惩处。

案例 6：王某某诈骗案——诈骗援鄂医护人员财物

简要案情

2020 年 2 月 12 日，被告人王某某在微信群内发布销售医用口罩、额温枪（红外线测温仪）等防疫物资的虚假信息。被害人徐某某系江苏省南通市某医院 ICU 病房护士，接到驰援湖北的工作任务后，为减轻当地防疫物资紧缺的压力，准备自己购买一批医用口罩带到湖北。徐某某看到王某某发布的销售信息后，便微信联系王某某购买 1500 只口罩和 2 支额温枪，并告知王某某自己是医护人员，即将驰援湖北，所买的口罩和额温枪是准备带到湖北防疫使用。王某某骗取徐某某支付口罩订金 2500 元后，又以需付全款才能发货为由，骗取徐某某支付口罩尾款 2900 元和额温枪货款 400 元，共计骗取徐某某 5800 元。后王某某编造各种理由拖延发货，且不予退款，徐某某遂报案。

裁判结果

江苏省南通经济技术开发区人民法院经审理认为，被告人王某某以非法占有为目的，虚构事实骗取他人财物，数额较大，其行为构成诈骗罪。王某某明知被害人是驰援湖北的医护人员，购买医用口罩等防疫物资用于湖北疫情防控，仍骗取被害人财物，主观恶性深，社会危害性大，应依法从严惩处。王某某如实供述自己的犯罪事实，认罪认罚，案发后全部退赔被害人经济损失。据此，于 2020 年 3 月 5 日以诈骗罪判处被告人王某某有期徒刑八个月，并处罚金人民币六千元。

裁判要旨

新冠肺炎疫情发生后，广大医务人员义无反顾冲在防疫最前线，是战胜疫情的中坚力量，尤其是驰援湖北，投身武汉保卫战、湖北保卫战的医务人员为疫情防控作出了重大贡献。王某某在明知徐某某系即将驰援湖北的医护人员，为减轻当地防护物资紧缺压力而自购防护用品的情况下，仍诈骗其钱财，性质恶劣，应依法从严惩处。人民法院始终坚决依法打击侵犯医务人员人身财产安全、扰乱医疗秩序等各类涉医犯罪，为医务人员和广大患者创造良好诊疗环境，全力保障疫情防控工作顺利开展，在全社会营造尊医重卫的良好风尚。

案例 7：马某某诈骗案——网上发布虚假口罩销售信息诈骗财物数额特别巨大

简要案情

2020 年 1 月 28 日至 2 月 3 日，被告人马某某在浙江省杭州市利用新冠肺炎疫情期间民众急于购买口罩的心理，通过网店、微信发布其有口罩货源的虚假信息，并发送从网上下载的生产厂家营业执照、生产许可证、检验报告等材料，先后骗得张某某、曹某某等 9 名被害人的口罩款合计 93 万余元，所骗钱款均被马某某用于网络赌博。2 月 3 日，马某某主动到公安机关投案。

裁判结果

浙江省杭州市余杭区人民法院经审理认为，被告人马某某在突发传染病疫情防控期间，以非法占有为目的，利用电信网络发布虚假信息，假借销售防疫物资名义骗取他人财物，数额特别巨大，其行为构成诈骗罪，应依法从严惩处。马某某主动投案，如实供述自己的犯罪事实，具有自首情节，依法从轻处罚。据此，于 2020 年 3 月 17 日以诈骗罪判处被告人马某某有期徒刑十一年六个月，并处罚金人民币十五万元。

裁判要旨

妨害疫情防控刑事案件中，口罩诈骗案件占比达 40% 左右，其中以电信网络诈骗案件为主。本案被告人利用疫情期间人们急需口罩的心理，通过电信网络实施诈骗犯罪，短短几天时间即从多名被害人处骗取 93 万元，达到诈骗罪数额特别巨大的标准，应当判处十年以上有期徒刑。人民法院综合考虑其无法退赔，但具有自首等情节，依法作出判决。

案例 8：陈某某诈骗案——谎称有熔喷布购货渠道诈骗财物

简要案情

2020 年 2 月下旬，被告人陈某某得知被害人卢某寻找熔喷布购货渠道，表示可以帮忙打听。后陈某某通过网络查询获悉熔喷布是生产口罩中间过滤层的关键原材料，疫情期间熔喷布供不应求，便产生利用熔喷布诈骗卢某财物之念。2 月 28 日，陈某某向卢某谎称自己可以联系朋友购买到 1 吨熔喷布，需要卢某先支付 5 万元定金，支付定金后三四天内发货。当天下午，卢某将 2 万元定金汇入陈某某账户。陈某某随即将 2 万元定金用于网络赌博和偿还欠款。至约定交货时间，陈某某以朋友因涉嫌倒卖熔喷布被警方抓获为由拒绝交付，并拒不退还定金。3 月 10 日，卢某向公安机关报案。

裁判结果

浙江省绍兴市柯桥区人民法院经审理认为，被告人陈某某以非法占有为目的，假借销售生产防疫物资急需原材料名义骗取他人财物，数额较大，其行为构成诈骗罪。陈某某曾因犯盗窃罪、诈骗罪三次被判刑，酌情从重处罚。陈某某如实供述自己的犯罪事实，认罪认罚，且全部退赔被害人经济损失。据此，于 2020 年 3 月 25 日以诈骗罪判处被告人陈某某有期徒刑一年，并处罚金人民币一万元。

裁判要旨

口罩是疫情防控和复工复产的基本物资，而熔喷布是口罩最核心的材料，作为口罩中间的过滤层，被称为口罩的“心脏”。近期，市场对熔喷布的需求井喷，熔喷布的产量成为口罩扩产的“瓶颈”。一些不法分子趁机抬高价格，大发“疫情财”，还有一些不法分子以销售熔喷布为名诈骗财物。人民法院对疫情防控期间哄抬熔喷布等防疫物资价格，牟取暴利，扰乱市场秩序，以及假借熔喷布等防疫物资实施诈骗等犯罪行为，将依法从严惩处，切实保障疫情防控和复工复产的统筹推进。

第三批8个依法惩处妨害疫情防控犯罪典型案例

案例1：郭某某妨害传染病防治案——境外回国隐瞒出境史且不执行隔离规定，致43人被隔离

简要案情

2020年2月29日至3月7日，被告人郭某某从河南省郑州市乘坐火车到达北京市，从北京市乘飞机经阿联酋阿布扎比中转，先后到意大利米兰、法国巴黎旅行，后乘飞机按原路线返回。3月7日，郭某某乘飞机从阿布扎比到达北京市后，乘坐机场大巴到北京西站，于当日下午乘坐火车返回郑州市。回到郑州市后，郭某某明知境外入郑人员需要申报健康登记和采取隔离措施，故意隐瞒出入境情况，且未执行隔离规定，返程次日到单位上班。其间，郭某某出现咽痛、发热等症状，仍多次乘坐公共交通工具，出入公共场所。3月11日，郭某某被确诊为新冠肺炎患者，与其密切接触的43人被集中隔离医学观察，其工作单位所在大厦全楼封闭7天。截止目前，43名密切接触者均已解除隔离医学观察，尚无人实际感染新型冠状病毒。

裁判结果

河南省郑州市二七区人民法院经审理认为，被告人郭某某违反传染病防治法的规定，拒绝执行卫生防疫机构依照传染病防治法提出的预防、控制措施，引起新型冠状病毒传播的严重危险，其行为构成妨害传染病防治罪。郭某某在全球疫情蔓延的形势下，出国旅游返回后故意隐瞒出入境情况，不执行隔离规定，多次出入公共场所，造成43名密切接触者被集中隔离，单位所在办公大楼被封闭7天，社会危害严重，影响恶劣，应依法

从严惩处。综合其犯罪事实、性质、情节和对社会的危害程度以及认罪悔罪表现，于 2020 年 4 月 3 日以妨害传染病防治罪判处被告人郭某某有期徒刑一年六个月。

案例 2：常某妨害传染病防治案——武汉来京人员不执行居家隔离规定出入公共场所，致 28 人被隔离

简要案情

被告人常某长期在湖北省武汉市居住。2020 年 1 月 23 日凌晨，常某获悉武汉市将于当日 10 时关闭离汉通道，实施封城管理，即刻驾车带着妻儿赶到湖南省长沙市，当晚在长沙市乘飞机抵达北京市。1 月 24 日凌晨，常某一家三口在首都机场乘坐出租车到达北京市房山区某小区，与其母亲、哥哥共同居住。其间，常某明知北京市采取相关疫情防控措施，未向社区报告武汉居住史，且不执行居家隔离规定，多次出入超市、药店等公共场所，并乘车往返北京市海淀区、门头沟区、房山区等地。2 月 16 日，常某的母亲被确诊为新冠肺炎患者。2 月 18 日，常某被确诊为无症状感染者（病原携带者），与其密切接触的 28 人被隔离。

裁判结果

北京市房山区人民法院经审理认为，被告人常某在新冠肺炎疫情暴发后，武汉实施封城管控前，从武汉绕道长沙抵京，不执行如实报告和居家隔离规定，往返北京市多个地区，引起新型冠状病毒传播的严重危险，致 20 多人被隔离观察，其行为构成妨害传染病防治罪，应依法惩处。常某归案后积极配合防疫机构说明行动轨迹，如实供述自己的犯罪事实，认罪认罚。据此，于2020年4月3日以妨害传染病防治罪判处被告人常某有期徒刑八个月。

案例3：吴某某妨害传染病防治案——从湖北返粤后继续经营餐饮店，致173人被隔离

简要案情

被告人吴某某系湖北省广水市人，在广东省河源市经营一家餐饮店。2020年1月12日至20日期间，吴某某与丈夫刘某某驾车从河源市回广水市老家，返乡期间分别参加了亲属的葬礼和婚礼。1月22日，吴某某、刘某某驾车从广水市返回河源市。1月26日上午，吴某某因身体不适，前往河源市源城区人民医院急诊科就诊。经检查未发现吴某某有感染新型冠状病毒的症状，医生给吴某某开感冒药后，叮嘱吴某某居家隔离14天，并将吴某某属于湖北返粤人员的信息反馈至其所在社区。1月26日下午，社区工作人员前往吴某某住处，与其签订《健康告知书》和《实施医学观察告知书》，要求其居家隔离。吴某某在被问及家庭成员情况时，故意隐瞒其与丈夫从湖北返回及在河源市经营餐饮店的情况。后社区工作人员了解到吴某某系餐饮店经营者，要求其停止营业，吴某某口头表示同意。1月23日至2月7日，吴某某继续经营餐饮店。2月7日，吴某某被确诊为新冠肺炎患者。因吴某某不遵守疫情期间隔离等相关规定，导致累计排查与吴某某直接、间接接触者574人，其中173人被不同程度隔离（定点医学隔离10人，集中场所隔离87人，居家隔离76人），给当地居民的生活、工作造成影响，并引发当地群众的恐慌。

裁判结果

广东省河源市源城区人民法院经审理认为，被告人吴某某作为餐饮店经营者，不执行卫生防疫机构依照传染病防治法提出的隔离控制措施，引起新型冠状病毒传播的严重危险，其行为构成妨害传染病防治罪，应依法惩处。吴某某如实供述自己的犯罪事实，认罪认罚。据此，于2020年4月2日以妨害传染病防治罪判处被告人吴某某有期徒刑十个月。

案例4：苟某妨害传染病防治案——隐瞒武汉旅居史，共计900余人被隔离

简要案情

2020年1月16日，被告人苟某携儿子苟某山乘坐火车从湖北省武汉市返回青海省西宁市。1月23日，苟某所在村村委会根据青海省、市、县新型冠状病毒感染肺炎疫情防控工作要求，通知武汉返回西宁人员进行登记，苟某未按要求登记。1月24日，镇卫生院医生电话排查苟某从武汉返回时间及同行人情况，苟某未如实告知从武汉返回西宁时间和其子苟某山一同返回的情况。1月25日晚，镇卫生院医生、村医及村主任到苟某家中开展疫情排查工作，苟某仍故意隐瞒，谎称自己回家已40余天，返程车票已撕毁。1月26日傍晚，苟某感觉身体不适，搭车前往西宁市其妹妹家，并于次日乘坐出租车前往青海省红十字医院就诊，被诊断为新冠肺炎疑似病例。1月30日，苟某被确诊患有新冠肺炎。苟某确诊后，仍对卫生疾控部门调查人员故意隐瞒行踪轨迹、密切接触人员情况。苟某所在村村民及部分外来人员共计900余人被整体隔离，苟某山等3名亲属被确诊感染新冠肺炎。

裁判结果

青海省湟中县人民法院经审理认为，被告人苟某在国家卫生健康委员会宣布对新冠肺炎采取甲类传染病预防、控制措施后，明知应当如实报告武汉旅居史却故意隐瞒，拒绝执行隔离等防控措施，引起新型冠状病毒传播的严重危险，其行为构成妨害传染病防治罪，应依法惩处。苟某如实供述自己的犯罪事实。据此，于2020年3月17日以妨害传染病防治罪判处被告人苟某有期徒刑一年。

案例5：冯某某妨害传染病防治案——就诊时隐瞒武汉旅居史，致1人感染、8名医护人员被隔离

简要案情

2020年1月22日，被告人冯某某从湖北省武汉市返回河南省宁陵县孔集乡。1月25日，村委会干部通知冯某某居家隔离。后冯某某因身体不适于1月25日、28日、29日先后三次前往孔集乡卫生院就诊，医务人员询问其是否系武汉返乡人员时，冯某某均故意隐瞒从武汉返乡的事实。其间，范某某在卫生院与冯某某曾同处一诊室。1月29日，医务人员发现冯某某系武汉返乡人员后，将其留院观察，之后冯某某因体温正常被准予回家自行隔离。1月30日，冯某某因发烧被送至宁陵县人民医院治疗，次日被确诊患有新冠肺炎。因冯某某违反疫情防控相关规定，故意隐瞒从武汉返乡的事实，致其密切接触者范某某感染新冠肺炎，孔集乡卫生院8名医务人员被隔离。

裁判结果

河南省宁陵县人民法院经审理认为，被告人冯某某从疫情高发地区返回户籍地后，不执行卫生防疫机构依照传染病防治法提出的隔离规定，就诊时隐瞒武汉返乡事实，造成1人感染、8名医务人员被隔离，其行为构成妨害传染病防治罪，应依法惩处。冯某某如实供述自己的犯罪事实，认罪认罚。据此，于2020年3月9日以妨害传染病防治罪判处被告人冯某某有期徒刑八个月。

案例6：章某某、季某某妨害传染病防治案——故意隐瞒密切接触史，引起新型冠状病毒传播的严重危险

简要案情

2020年1月15日，被告人季某某从湖北省武汉市返回浙江省青田县。1月19日，季某某参加了被告人章某某组织的聚会活动，与章某某等32人密切接触。1月23日，浙江省人民政府启动重大突发公共卫生事件一级响应。同日，季某某因出现发热、咳嗽等症状去青田县人民医院就诊，随即被留院医学观察，1月25日被确诊感染新冠肺炎。1月23日至2月6日，青田县疾控中心工作人员多次对季某某进行流行病学调查，季某某均隐瞒了1月19日参加聚会活动的事实。1月24日至2月4日，章某某因出现发热、咳嗽等症状多次去青田县人民医院、中医院就诊，医护人员询问其是否有武汉人员接触史时，章某某明知季某某系武汉返乡人员并已被确诊感染新冠肺炎，故意隐瞒与季某某密切接触史。2月4日，章某某被隔离治疗，2月7日被确诊感染新冠肺炎。其间，疾控中心工作人员多次对章某某进行流行病学调查，章某某仍故意隐瞒与季某某密切接触史，以及组织聚会与多人密切接触等事实。2 月 7 日，防疫工作人员根据大数据研判结果再次询问章某某、季某某，二人才承认 1 月 19 日密切接触的事实。因季某某隐瞒密切接触史，造成 32 人未被及时隔离；因章某某隐瞒密切接触史，造成 113 人未被及时隔离，还造成就诊时的医护人员 14 人、同诊病人等 7 人被集中隔离观察。

裁判结果

浙江省青田县人民法院经审理认为，被告人章某某、季某某违反传染病防治规定，拒不执行卫生防疫机构依照传染病防治法提出的预防、控制措施，故意隐瞒密切接触史，引起新型冠状病毒传播的严重危险，其行为均构成妨害传染病防治罪，应依法惩处。章某某就诊时故意隐瞒与武汉返乡并被确诊感染新冠肺炎的季某某的密切接触史，造成包括多名医务人员在内的 21 人被集中隔离，且在隔离治疗期间仍故意隐瞒与季某某的密切接触史，以及组织聚会与多人密切接触等事实，造成 113 人未被及时隔离，其情节相对季某某较重。二被告人归案后能够如实供述犯罪事实。据此，于 2020 年 4 月 10 日以妨害传染病防治罪分别判处被告人章某某有期徒刑九个月；判处被告人季某某有期徒刑八个月。

案例 7：王某某妨害传染病防治案——确诊患者不如实告知活动轨迹，致 38 人未被及时隔离

简要案情

2020 年 1 月 17 日晚，被告人王某某从湖北省武汉市返回江苏省淮安市，后于 1 月 18 日、19 日两次到淮安市某休闲酒店洗浴、过夜。1 月

19日，王某某出现乏力、头痛症状。1月24日，江苏省人民政府启动重大突发公共卫生事件一级响应。1月25日，王某某因病情加重，驾车前往淮安区淮城医院就诊，随即被送至淮安市第四人民医院隔离治疗。当晚，淮安区疾控中心工作人员对王某某进行调查，调查内容包括王某某的基本信息、诊治信息、感染来源信息和其回淮后的接触史等，王某某未告知其在某休闲酒店洗浴的信息。1月26日，王某某被确诊感染新冠肺炎。1月30日，防疫工作人员打电话再次询问王某某活动轨迹，王某某仍未如实告知自己曾两次长时间进入某休闲酒店洗浴的情况。2月3日，防疫工作人员根据大数据研判结果再次询问王某某，王某某才承认曾两次到某休闲酒店的情况。淮安区防疫部门随即采取管控措施，摸排并隔离与某休闲酒店相关联的密切接触者。因王某某隐瞒活动轨迹，导致相关部门未能及时采取管控措施，共造成38人未被及时采取医学隔离措施。

裁判结果

江苏省淮安市淮安区人民法院经审理认为，被告人王某某被确诊感染新冠肺炎后，不执行卫生防疫机构依照传染病防治法提出的预防、控制规定，故意隐瞒自己的活动轨迹，引起新型冠状病毒传播的严重危险，其行为构成妨害传染病防治罪，应依法惩处。鉴于王某某能够向防疫工作人员报告大部分活动轨迹；归案后如实供述自己的犯罪事实，认罪认罚；经审前调查符合社区矫正条件，结合其具体犯罪情节，决定对其适用缓刑。据此，于2020年4月3日以妨害传染病防治罪判处被告人王某某有期徒刑六个月，缓刑一年。

案例 8：吴某某妨害传染病防治案——村卫生室负责人违规收治发热病人，致 457 人被隔离

简要案情

被告人吴某某系安徽省六安市霍邱县周集镇某村卫生室负责人。2020 年 1 月 29 日，霍邱县卫生健康委下发《关于进一步规范发热病人就诊程序的通知》，严禁村卫生室、个体诊所对未经预检分诊的发热病人进行诊疗。同日，霍邱县周集镇中心卫生院召开全镇卫生室主任会议，对上述通知进行传达，吴某某参会。1 月 30 日至 2 月 10 日，吴某某擅自收治未经预检分诊的发热病人刘某某、李某某，并安排在卫生室协助工作的妻子王某为二人输液治疗各 5 次。吴某某隐瞒收治发热病人的情况，每日向镇中心卫生院上报的收治发热病人数均为零。其间，该卫生室作为快递收发点、电费代交点，有大量人员进出。2 月 15 日至 18 日，李某某、刘某某、王某先后被确诊为新冠肺炎患者。截至 3 月 2 日，457 人为此被隔离。六安市疾控中心、合肥市检测机构对被隔离人员进行 680 次核酸检测。

裁判结果

安徽省六安市霍邱县人民法院经审理认为，被告人吴某某作为村卫生室负责人，明知新冠肺炎疫情期间村卫生室严禁对未经预检分诊的发热病人进行诊疗，仍违规收治发热病人，并瞒报收治情况，引起新型冠状病毒传播的严重危险，其行为构成妨害传染病防治罪，应依法惩处。吴某某具有自首等情节，依法从轻处罚。据此，于 2020 年 4 月 2 日以妨害传染病防治罪判处被告人吴某某有期徒刑一年。

二、服务保障复工复产典型案例（31 个）

第一批 10 个服务保障疫情防控期间复工复产民商事典型案例

（一）快速调解企业间合同纠纷，服务涉诉企业复工复产

1. 浙江吉高实业有限公司诉梅州市中联精密电子有限公司、赣州中盛隆电子有限公司等买卖合同纠纷案

案情简介

梅州市中联精密电子有限公司、赣州中盛隆电子有限公司均为向测温仪生产企业供应线路板的供应链上游企业。2020 年 1 月 14 日，因买卖合同纠纷，被浙江吉高实业有限公司起诉至浙江省桐乡市人民法院，诉讼标的 1600 余万元，并经原告申请采取了财产保全措施。疫情发生发后，法院了解到，两公司均是当地政府确定的疫情期间第一批复工复产企业，而案涉诉讼保全严重影响了企业购买原材料、发放工人工资以及偿还银行贷款。为保障两被告企业复工复产不受影响，经桐乡市人民法院积极组织调解，原被告双方于 2 月中旬达成了分期还款、逐步解封的调解方案。在法院的督促下，两被告企业按约履行了部分付款义务。2 月 21 日，法院解除了对两被告企业的全部财产保全措施，有力促进了疫情防控物资的正常生产。

典型意义

本案的典型意义在于，既依法保障债权人诉讼权利，又坚持服务疫情防控大局工作，实现法律效果和社会效果的有机统一。对原告企业来说，货物结欠金额巨大，若不采取保全措施，其诉讼权利难以保障。对于两被告企业来说，迅速复工复产是保障疫情防控的当务之急，但流动资金的冻结限制了生产的进程。受诉法院积极作为，组织双方反复进行协商调解，最终就解除财产保全和货款支付事宜达成协议，短平快地解决双方纠纷，实现了原告企业权利保障和被告企业复工复产的“双赢”。

2. 东莞信托有限公司诉肇庆科伦纸业有限公司、山鹰国际控股股份公司等确认合同无效纠纷案

案情简介

肇庆科伦公司是广东肇庆市一家大型造纸企业。2016 年，佛山三水科伦纸业公司将其持有肇庆科伦公司 75% 的股权收益权质押向东莞信托公司融资 2.7 亿元，但逾期未履行还款义务。2019 年，肇庆科伦公司与山鹰国际公司签订《入股协议》，以其生产线设备、土地等作价出资入股山鹰（广东）公司，又将股权转让给山鹰国际公司。2019 年 12 月，东莞信托公司以肇庆科伦公司签订的《入股协议》侵犯其股权质押权为由，起诉至广东省肇庆市中级人民法院，请求确认协议无效，并申请诉讼财产保全；法院根据当事人申请依法查封了肇庆科伦公司转移给山鹰国际公司的土地约 300 亩、厂房 8 幢等财产。疫情开始后，受诉法院了解到，肇庆科伦公司受疫情影响经营陷入困境，而山鹰国际公司作为上市公司，资金实力雄厚，看好华南地区的纸张市场，如能顺利收购肇庆科伦公司现有的厂房及生产设备，可以尽快增资扩产，开拓华南地区纸张市场，但目前肇庆科伦公司的账号因诉讼已被冻结，并购行为陷入僵局。为此，法院根据山鹰国际公司仍有部分并购款尚未支付给肇庆科伦公司的实际，经多次协调最终促成调解，由山鹰国际公司将尚未支付的并购款 2 亿元一次性支付给东莞信托公司，东莞信托公司收到后即视为对肇庆科伦公司与山鹰国际公司之间并购交易的认可，同时申请解除查封措施。本案于 3 月 13 日调解结案。

典型意义

本案涉案标的、涉诉企业对当地经济发展具有重大影响。肇庆市与其他珠三角城市相比，经济发展任务较重，肇庆中院按照党中央关于统筹推进疫情防控和社会经济发展工作决策部署，在调处本案纠纷时坚持法治思维，平等保护双方当事人的合法权益，坚持大局意识，在坚决做好疫情防控工作的同时，依法保障有序复工复产，促进企业健康发展，为推动地方法治化营商环境建设、服务经济发展大局提供了优质的司法服务和保障。

3. 上海丽景针织制衣有限公司诉合玺（上海）服装有限公司等买卖合同纠纷系列案

案情简介

丽景针织制衣公司与合玺（上海）服装公司及其另一家关联公司于 2018 年分别签订了《服饰采购合同》。合同签订后，两服饰公司收货后未按约付款，欠付货款达 400 余万元。为此，制衣公司于 2020 年 1 月 14 日分别起诉要求两服饰公司支付货款、承担违约金责任等，并申请财产保全，查封两服饰公司的银行账户。两服饰公司应诉后，认可欠付货款，并承诺还款，但因新冠肺炎疫情影响，各地服饰专卖店关闭，春节黄金旺季无营业收入，还有高昂成本；且因账户被保全，影响了员工工资发放、支付社保等。上海市静安区人民法院受理两案后，通过线上审理，其中一案当庭撤诉，另一案达成分期还款的调解方案。线上庭审当天，制衣公司即收到了先期支付款项，并申请法院解除了全部财产保全。2 月 14 日，双方达成调解协议。本案调解结案后，两服饰公司账户得到解封并及时发放了员工工资，目前双方均已复工复产。

典型意义

新冠肺炎疫情期间，中小民营企业的资金压力较大。鉴于案涉服饰公司的账户被采取保全措施，在判决生效前，当事人依法不能动用被查封的款项，而疫情期间双方当事人复工复产都急需资金。在这种情况下受诉法院依法采取诉讼调解方式，促成双方当事人尽快达成调解协议。对原告而言，可以回笼资金按期复工；对被告而言，调解后可以尽快解除查封，及时向员工发放工资、缴纳税收和社保、支付店铺租金，确保正常经营。本案是通过调解方式快速有效化解纠纷，为企业复工复产提供司法服务与保障的成功案例。

4. 深圳新宙邦科技股份有限公司诉桑顿新能源科技有限公司等买卖合同纠纷案

案情简介

新宙邦科技公司与桑顿新能源公司均为有市场竞争力的创新型企业，互为商业合作伙伴。2019 年，新宙邦科技公司向桑顿新能源公司提供价值 1607 万元的锂电池电解液，但桑顿新能源公司未如约支付货款，新宙邦科技公司诉至深圳市坪山区人民法院，请求法院判令桑顿新能源公司支付贷款本息共计2300余万元，法院依据申请冻结了桑顿新能源公司账户现金750余万元。疫情发生后，桑顿新能源公司请求解冻账户资金用以支付工人工资并复工复产。法院经研究认为，疫情防控期间，合同履行暂时受到影响，顺延还款期限有利于复工复产并最终解纷。经法院主持调解，双方2月25日达成调解协议：双方继续合作，桑顿新能源公司增加担保并先行支付部分货款，剩余货款分期付清。当日，法院依法准许并解除账户冻结。

典型意义

受诉法院立足疫情防控期间经济社会发展大局，积极促成欠款企业在增加担保的基础上获得还款顺延，切实降低了诉讼成本，全力支持企业复工复产，有效帮助中小企业渡过难关。本案涉及的两家企业均为高新技术企业，法院通过促成双方达成调解协议，在疫情期间最大程度地降低了司法诉讼对企业的负面影响。案件调解成功后，双方继续保持合作关系，实现了共赢与多赢，从而有利于维护企业核心竞争力。

（二）依法加强金融案件调解，妥善化解企业债务纠纷

5. 中国农业银行股份有限公司浮梁县支行诉景德镇康源农业发展有限公司金融借款合同纠纷案

案情简介

康源农业公司是当地一家大型生猪养殖和肉制品企业，2011年向农行浮梁县支行贷款1亿元。贷款合同履行过程中，2019年6月，农行以康源农业公司怠于配合银行贷后管理检查、公司产品销售收入回笼资金与贷款

金额不匹配、财务状况进一步恶化等为由，下调了企业贷款征信评级并暂停企业使用电子交易信息平台，要求康源农业公司提前还款并诉至江西省景德镇市中级人民法院。法院认为，康源农业公司生产经营出现困难，主要是受非洲猪瘟及新冠肺炎疫情双重影响，以致无力还款。为保障生猪生产企业正常经营和维护金融债权，法院积极奔走各方，耐心辨法析理，反复做双方当事人的协调工作。最终，双方本着互谅互让原则达成调解协议，康源农业公司同意增加贷款担保，农行恢复企业征信和电子交易平台使用，贷款合同继续履行。本案于 2 月 17 日调解结案。

典型意义

本案借款企业不仅是当地大型生猪生产供应企业，也是当地吸纳就业和纳税大户。法院如一判了之，不仅会严重影响企业生产经营，还可能影响群众基本民生供应和物价稳定。景德镇中院在党委政府的全力支持下，充分发挥审判职能作用，积极协调化解纠纷，促成双方达成调解，为保障企业复产复工和当地经济社会发展大局作出了积极努力。

6. 苏州资产管理有限公司诉苏州德威系关联企业金融借款纠纷系列案

案情简介

德威投资集团有限公司及其关联企业是集高分子线缆用材料研发、生产和销售于一体的高新技术民营企业，企业产品广泛应用于国家电网、电子通信、建筑工程等领域，具有良好的市场口碑和发展前景。2020 年春节之后，受疫情影响，整个德威系企业无法按时复工复产，造成大量订单无法及时完成。债权人苏州资产公司考虑到其 3.2 亿元金融债权的安全，在借款出现逾期后，于 2020 年 2 月 4 日将德威系企业一并起诉到江苏省苏州市中级人民法院，同时申请法院冻结被告企业全部银行账户3.2亿元资金及相应价值的财产。该四起关联案件受理后，苏州中院通过到德威生产厂区实地走访、与企业负责人座谈，了解到德威系企业厂区生产已经逐步恢复，产能已经达到年前的50%，国内订单开始陆续正常交货。鉴于德威系企业具有良好的市场口碑和发展前景，就其暂时资金周转的困难，法院与苏州资产公司反复进行沟通，引导充分考虑当前疫情影响和民企的实际困难，给予民企宽限期和降低逾期还款的违约金，并且考虑查封措施对企业复工复产的重大影响，共同帮助企业渡过困难。3月6日，经过法院三个小时的互联网庭审和在线调解，双方当事人达成调解协议：苏州资产公司保证不抽贷，并给予德威系企业充分的宽限期；德威系企业承诺将销售利润优先保障案涉贷款的清偿，并且增加担保。法院当庭出具调解书，并依据双方调解方案，解除了对被告企业的全部银行账户查封。

典型意义

人民法院金融审判工作在疫情防控期间，应当坚持维护金融债权安全和保障企业生存发展并重的审判理念。对于具有良好发展前景但暂时资金受困的企业所涉金融融资纠纷，应当切实加大案件调解力度，充分协调各方利益；在维护金融安全同时，有效降低民营企业因疫情引发的逾期还款的违约成本，真正帮助企业纾难解困，为企业复工复产提供有力支撑。

7. 福建晋江农村商业银行股份有限公司诉福建晋江市越峰鞋塑有限公司等金融借款合同纠纷案

案情简介

2016年5月，晋江越峰鞋塑公司以土地使用权抵押向晋江农商行贷款总计752万元，尚欠借款本金300万元及相应利息。2019年10月，晋江农商行诉至福建省晋江市人民法院，要求晋江越峰鞋塑公司依约还本付息。案件审理期间，晋江越峰鞋塑公司同意还款，但表示因受新冠疫情的影响，公司资金周转存在困难。受诉法院根据疫情防控和复工复产实际，以分期还款的方案多次组织双方当事人进行在线调解。2020年2月28日，双方在互谅互让的基础上就本案还款期限、罚息等问题达成调解协议，最终调解结案。

典型意义

本案被告晋江越峰鞋塑公司系外资企业。在新冠疫情的特殊背景下，若本案简单一判了之，可能导致实体企业无法正常经营，还将牵连与此相关的供应商、企业员工、消费者等多方主体的利益，不利于复工复产及恢复生活秩序。受诉法院在依法保护金融债权的同时，在金融机构与实体企业之间加强协调和解工作，有效平衡了金融债权与企业复工复产之间的利益关系，为促进企业健康发展创造了良好条件。

8. 东证融汇证券资产管理有限公司诉光一科技股份有限公司等质押式证券回购纠纷案

案情简介

光一科技股份有限公司及其关联企业是专门从事用电信息采集系统研发、应用的高新技术民营企业，在全国共拥有员工超过2000名，业务主要服务于国家电网建设。2020年2月，东证证券公司向江苏省苏州市中级人民法院提起诉讼，要求光一系企业立即支付2.2亿元质押式证券回购款，并支付违约金500万元。同时，东证证券公司向法院申请冻结被告企业全部银行账户2.3亿元或者相应价值的财产。案件受理后，苏州中院经了解发现，光一系企业受疫情影响，企业遍布全国各地的员工无法到岗，企业迟迟无法正常复工，资金链出现严重紧张；面对 2.3 亿元融资提前到期和高额的违约金，企业 2000 名员工工资和供应商货款将无法及时支付，企业复工面临巨大困难。为此，苏州中院加大了案件调解力度，及时与东证证券公司进行联系，将企业实际情况告知对方，引导金融机构充分考虑民企的实际困难，给予一定宽限期和降低逾期还款的违约金，共同帮助企业渡过难关。2 月 19 日，经过法院二个小时的互联网庭审和在线调解，双方当事人达成调解协议，法院当庭出具调解书。根据双方调解方案内容，法院当天解除对被告全部银行账户 6000 多万元资金的查封，企业复工复产有了充足的资金保障。

典型意义

本案诉讼标的达 2.3 亿元，案件从立案到结案仅用 10 余天时间。受诉法院在综合考量被告企业实际经营状况及当前疫情防控对企业生产经营影响的基础上，以在线调解方式高效妥善化解实体企业债务纠纷，既保证了债权人金融债权的实现，又为企业平稳复工复产提供了有力司法保障。

（三）依法加强司法服务职能作用，为企业全面复工复产提供司法便利

9. 徐某某诉义乌市百灵医疗器械有限公司合同纠纷案

案情简介

百灵医疗器械公司主要生产红外线体温计、电子体温计、血压仪等医疗器械。2016 年 11 月 28 日，徐某某与百灵医疗器械公司签订合作协

议，后在履行协议过程中产生纠纷诉至法院。经二审生效判决，被告百灵医疗器械公司须返还原告徐某某1298400元，案件由浙江省义乌市人民法院强制执行。执行过程中，因百灵医疗器械公司未全部履行生效判决，被法院纳入失信被执行人名单、采取限制高消费等措施。疫情发生后，执行法院了解到，百灵医疗器械公司在此次疫情中被确定为浙江省36家重点医疗保障物资生产企业之一，也是金华市唯一一家疫情防控急需物资供应企业。自疫情发生以来，该公司加紧生产，日均产能较高，但因前期被纳入失信被执行人名单，影响公司融资、扩大生产，无法满足当前抗击疫情的产能需要。2020年1月31日，百灵医疗器械公司向法院申请信用修复。执行法院根据前期实地走访和讨论研判，向执行申请人进行解释说明并经申请人书面同意，于收到百灵医疗器械公司申请的当天，决定对该公司及法定代表人解除失信被执行人名单及限制高消费措施，不采取查封等强制措施，为企业贷款扫清障碍。百灵医疗器械公司被法院解除失信被执行人名单及限制高消费措施的当天，义乌农商银行就向该公司发放100万元信用贷款，中国银行也将该公司的不良贷款转为正常。后该公司又顺利从杭州银行、宁波银行分别获得贷款100万元。

典型意义

疫情防控期间，义乌法院坚持统筹防控疫情和复工复产，审慎采取执行措施，全面贯彻善意执行理念，是加强司法服务职能作用的生动实践。人民法院对因处于失信被执行人名单导致融资困难、原料库存短缺等防疫物资供应企业提出的信用修复申请，经审查有正当事由并符合相关条件的，应暂时解除对其信用惩戒，促进企业复工复产，保障企业防疫紧缺物资的正常生产，服务疫情防控大局。

10. 龙游县宏泰食品有限公司恢复企业信用征信案

案情简介

龙游县宏泰食品有限公司是浙江龙游县唯一的生猪定点屠宰企业，属事关民生的菜篮子企业。宏泰公司进入破产重整程序后，2019 年 11 月，浙江龙游县人民法院裁定批准该公司破产重整计划并终结该公司破产重整程序。2020 年 1 月 16 日，宏泰公司破产重整计划执行完毕，消除债务总额 1.2 亿余元。在重整计划执行期间，宏泰公司屠宰生猪近 3 万头，同比增长 174%，公司经营进入良性发展轨道。然而由于新冠疫情影响，浙江省启动重大公共突发卫生事件一级响应，宏泰公司只能在所在县域内进行经营活动，日均屠宰量从 500 余头下降至 200 余头；而为了扩大生产，宏泰公司自年前即启动了排污整治、道路修缮、改造厂房机器等改善公司经营能力的工作，因宏泰公司贷款信用修复未完成，贷款渠道封闭，导致资金缺口逐渐增大，企业即将陷入困境。为解决企业融资难题，虽该公司破产案件已经审结，龙游县法院主动实地走访企业，并协同管理人与人民银行再次对接完成了企业征信系统的信用修复，在案件办结后为宏泰公司获得了融资能力。

典型意义

法院在案件办理结束后，通过案后随访，积极关心支持民营企业疫情期间复工情况，及时解决企业信用修复问题，帮助企业获得贷款资格，有效缓解了企业融资困难。人民法院延伸司法服务职能，为当事人纾难解困，既体现了司法的温度，也有利于服务保障当地民生稳定，体现了大局意识和担当精神。

第二批 8 个服务保障疫情防控期间复工复产民商事典型案例

案例 1：广东新港兴混凝土有限公司和解案

案情简介

广东新港兴混凝土有限公司（下称新港兴公司）主营加工业务，本身业务订单稳定，行业基础稳固。因借贷资金成本高，多年累积造成资金链断裂，无法清偿到期债务，导致诉讼缠身，部分银行账户、资产以及机械设备等被查封、冻结，企业运营面临重大困难。

广东省佛山市顺德区人民法院在办理该公司系列执行案件过程中，依法引导该公司于 2019 年 3 月 19 日进入破产清算程序，后转入破产和解。2020 年 1 月，新港兴公司债权人会议通过了债务人提出的和解协议草案，并经法院裁定认可发生法律效力。

新冠疫情发生后，新港兴公司的正常生产经营受到影响，按和解协议清偿债务出现暂时困难，于是向法院提出请求变更和解协议的执行方案，将原定于 2020 年 3 月底清偿的债务变更为清偿原定计划的 50%，4 月、5 月底分别清偿原定计划的 25%，此后的债务按期执行。法院参照和解协议草案的表决程序，组织债权人会议对债务人提出的和解协议执行变更方案进行表决。经债权人会议表决通过后，法院于 2020 年 3 月 16 日裁定认可变更后的和解协议执行方案。

目前，按照变更后方案应于 3 月底清偿的债务已经执行完毕。新港兴公司通过破产和解一揽子解决企业的债务 1.7 亿元，维持企业产能近 1 亿元，并于 2020 年 2 月 27 日顺利复工复产，生产经营秩序正常运转，产能逐步恢复。

典型意义

本案是人民法院充分运用破产保护机制，全面化解企业债务危机，促进困境企业再生的典型案例。新港兴公司因债务危机陷入多宗诉讼和执行案件，且主要财产均设立抵押。如果在执行程序中变现财产，必然会加剧企业困境，丧失挽救企业的机会，使更多债权人债权完全没有清偿的可能。

相比执行程序着重保护个别债权人利益，破产制度的价值取向是确保全体债权人公平受偿，并通过破产法上的中止执行等一系列制度，给企业带来喘息空间，使企业在破产保护机制下，一揽子解决企业债务危机，既确保设定抵押的债权人的权益不受影响，又为其他债权人债权的适当清偿创造机会。

本案中，法院充分利用“执转破”工作机制，积极引导企业进入破产程序，破产申请受理后，根据企业具体情况，适时转化为和解程序，而不是对企业简单进行破产清算，从而最大限度挽救企业、保护债权人利益，为此类企业的挽救提供了可复制的样本。

此外，在新冠疫情对和解协议执行造成不利影响的情况下，法院通过参照和解协议草案表决的程序，裁定认可变更后的和解协议执行方案，确保和解协议顺利执行，避免企业因疫情影响再次面临破产清算的局面。

案例 2：江苏磐宇科技有限公司重整案

案情简介

江苏磐宇科技有限公司（下称磐宇公司）成立于 2005 年 1 月，是拥有多项高级资质和专利的医疗器械生产企业。由于公司经营不善导致流动性危机，于 2017 年 8 月 17 日被江苏省南通市中级人民法院裁定进入破产程序。

鉴于磐宇公司的市场准入资质属于稀缺资源，单纯通过破产清算程序难以最大限度实现企业价值和债权人利益，经与债权人沟通，管理人制定了重整计划草案，经债权人会议表决通过后，法院于 2019 年 7 月 29 日裁定批准，磐宇公司进入重整计划执行期。

2020 年 1 月新冠疫情暴发后，磐宇公司按期执行重整计划受到重大影响，与此同时，医用口罩防疫物资一度十分紧缺，江苏省药品监督管理局临时紧急许可磐宇公司生产医用防护口罩，使其成为南通市区唯一一家生产 N95 医用防护口罩的企业。

为了保障防疫部门医用口罩的有效供给，同时避免重整计划不能按期执行导致公司被宣告破产，法院根据管理人的申请作出裁定，延长磐宇公司重整计划执行期限。

后经政府相关部门批准后，磐宇公司已于 2020 年 2 月复工，日生产 N95 口罩 2-3 万只。此后，法院与南通市发改委、工信局积极协调修复磐宇公司相关信用问题，为磐宇公司取得生产原料提供了保障，并为企业成功重整创造了新的机遇。

典型意义

本案是法院依法延长重整计划执行期，避免疫情影响导致企业重整失败，并支持防疫物资生产的典型案例。企业破产重整案件中，债务人应严格执行重整计划，但因出现国家政策调整、法律修改变化或其他客观原因导致原重整计划无法按期执行的，债务人或管理人可以申请变更重整计划。

本案在重整计划执行期间遇到新冠疫情，这一无法预见、无法避免，并且不能克服的客观现象，法院依法延长重整计划执行期限，以避免因不可抗力导致重整失败而转为破产清算，丧失挽救企业的机会。

同时，面对重整企业信用修复的重重困难，法院充分发挥破产案件审理中法院与政府协调联动机制的作用，协调处理好重整企业信用修复工作，既为破产企业进一步顺利执行重整计划奠定良好基础，又维护了重整企业生产医用防护口罩等防疫物资的生产能力，适应抗疫这一公共利益的需要。该案系法律效果、社会效果有机统一的成功实践。

案例 3：浙江源生医药连锁有限公司重整案

案情简介

2019 年 11 月 5 日，浙江省开化县人民法院裁定受理浙江源生医药连锁有限公司破产重整案。进入重整程序时，该医药公司已无自主经营能力，公司名下的 36 家门店已有 11 家关门停业，剩余门店也都出现缺货情形、面临停业，百余名药店职工面临失业困境。

案件受理后，为维持企业运营价值，法院依照法定程序决定企业继续营业。管理人在对该医药公司经营状况进行了调查和评估的基础上，经过公开邀请并筛选比对，通过托管经营的方式，将该医药公司现有门店全部交由开化颐年堂医药有限公司经营，原有职工继续在岗上班，23 家门店（分布于全县 8 个社区、6 个乡镇）于 2020 年 1 月恢复经营。

1 月底新冠疫情暴发以来，托管业主积极响应国家应急防护要求，23 家门店平稳有序开门营业并承诺平价销售，以实际行动履行医药企业的社会责任，有效地保障了居民日常防护需求。

典型意义

本案是在重整程序中运用托管方式维持企业持续运营，有效保障疫情期间防疫物资供应的典型案例。在第一次债权人会议召开之前，经征求主要债权人意见等程序，法院依法决定债务人继续营业，维持企业有效生产力。

针对债务人企业系医药公司的特殊经营模式，法院通过指导管理人通过公开竞标邀请合适投资人参与重整谈判，积极运用托管方式，有效促进了债务人财产的保值增值，保障破产案件相关当事人的合法权利，并在抗击疫情的特殊时期，为保障居民药品需求、维护社会稳定做出了积极贡献。

案例4：安顺市顺成市场开发有限公司重整案

案情简介

安顺市顺成市场开发有限公司（下称顺成公司）于2013年3月11日注册成立，其开发建设的西秀产业园农产品批发市场项目（以下简称安顺农贸城），系安顺市规模最大的水果、蔬菜一级批发市场，作为安顺市民的“菜篮子”工程，发挥着不可或缺的作用。自2016年以来，顺成公司自身因经营管理不善，资金链断裂，大量债务不能清偿。经债权人申请，贵州省安顺市中级人民法院于2019年7月30日裁定受理顺成公司重整。

进入重整程序后，根据管理人对顺成公司财产和营业事务的调查情况，法院依法许可顺城公司继续经营，维持了其商铺租金、大棚租金、车辆停车费等收入，并用于支付员工工资和完善二期工程等。后在法院多次协调下，管理人于2020年1月1日正式接管安顺农贸城，从而恢复了顺成公司现金流和自身造血功能，为顺城公司进一步重整创造了条件。

在疫情防控期间，安顺农贸城是安顺地区唯一允许经营农产品的集中场所，但同时又是病毒传播的高风险区域。对此，法院提前组织管理人、并邀请商会、政府部门相关人员召开协调会提前防控，指导管理人制定《安顺市农贸批发市场疫情防控工作方案》《安顺市农贸产品批发市场新冠肺炎疫情防护宣传手册》，作出《关于疫情防控期间破产管理人的工作提示》，就疫情防控、安全管理、资产管理等方面继续深入排查，在确保重整工作顺利推进的同时，保障了疫情期间当地农产品稳定供应。

典型意义

本案是充分发挥司法职能，积极挽救困境企业，保障民生的典型案例。顺城公司陷入困境后，通过及时进入重整程序，有效进行破产保护，维持了企业的持续经营。安顺农贸城的顺利接管，不仅为疫情防控期间稳定物价、保障民生发挥了重要作用，而且也为顺城公司重整提供了重要基础。

顺成公司重整之初，债权人表示不理解，认为企业破产即等于企业死亡。但随着破产重整程序的依法推进，安顺农贸城经营管理权的稳定过渡，加之经历了疫情期间的考验，重整制度挽救企业的价值得到了有效彰显，顺成公司的重整程序得到债权人、政府、商会等的理解和支持，为下一步重整工作的开展创造了良好基础。

案例 5：山东万鑫轮胎有限公司重整案

案情简介

山东万鑫轮胎有限公司（下称万鑫轮胎）因互联互保涉及巨额担保债

务，以不能清偿到期债务、且明显缺乏清偿能力为由，向山东省淄博市中级人民法院提出破产申请。2018年3月8日，法院依法裁定受理万鑫轮胎破产清算案件；2019年7月29日，法院根据债务人的申请裁定万鑫轮胎由清算程序转为重整程序；2019年12月12日，法院裁定批准万鑫轮胎重整计划草案。根据重整计划，重整投资人需投入重整资金3.25亿元，重整计划执行期间为100天。

重整计划执行过程中，因新冠疫情暴发，给万鑫轮胎的正常生产和重整计划的顺利执行带来严峻挑战。为有效应对疫情挑战，法院指导管理人针对涉疫情相关法律及政策制定《企业疫情期间相关法律问题的意见》，为重整企业提供法律支持；并指导管理人克服自身停工障碍，协调当地政府于2月25日办理企业复工手续，使企业顺利完成当月3.9万条的订单，维护了企业信誉。

为帮助重整投资人克服因疫情导致回笼资金困难的问题，协调重整投资人在前期支付1.3亿元基础上，如期支付剩余1.95亿元重整资金，保证了重整计划的顺利执行。此外，企业依据人社部《关于妥善处理新型冠状病毒感染的肺炎疫情防控期间劳动关系问题的通知》，疫情期间以带薪休假形式发放带薪休假补助约25万元，稳定了职工队伍。

目前，万鑫轮胎采购、生产和销售已完全正常开展，在岗人员已有1000人，在手订单10.5万条，预计后期月订单量维持在12万条左右，全钢胎日产能保持在4000条左右。此外，面对政府抗疫物资短缺的现状，万鑫轮胎重整投资人作为桓台县唐山镇招商引资企业向桓台县红十字会捐款100万元用于抗疫。

典型意义

本案是法院在新冠疫情期间积极指导困境企业复产复工，确保重整计划顺利执行的典型案例。企业在重整计划执行过程中遇到新冠疫情，法院指导管理人制定《企业疫情期间相关法律问题的意见》，协助企业复产复工，保障重整资金到位，依规稳定职工队伍，确保了重整计划的顺利执行。

通过万鑫轮胎重整案件，盘活土地 180673.67 平方米，厂房 238552.70 平方米，依法清理债务 13 亿余元，为服务新旧动能转换、助力高质量发展做出了积极贡献。

案例 6：江苏苏醇酒业有限公司及关联公司合并重整案

案情简介

江苏苏醇酒业有限公司原为生产白酒和消毒用酒精等产品的股份制企业，由于市场行情变化及经营不善等原因导致资不抵债，江苏省睢宁县人民法院于 2018 年 6 月 25 日裁定该企业及其两家关联公司适用实质合并破产重整。2019 年 12 月 2 日，法院裁定批准该企业重整计划，并预留监督期两个月。

在监督期内，正处当地疫情防控关键时期，为确保重整计划顺利执行，法院多次实地走访监管，对企业重整计划执行过程中存在的股权变更、项目审核、环境整治、用工组织等多个问题进行调研并及时协助解决。同时，对企业信用记录修复、银行贷款获取等工作开展情况进行全面跟进，切实消除企业后顾之忧，全力助推企业安全生产、合法经营和足量供应，保证防疫物资尽快驰援战“疫”一线。

其间，法院还针对该企业在疫情期间遇到的劳动用工等法律问题进行解答，向企业就疫情期间如何规范、合法生产经营提出了法律意见和建议。日前，该企业日产酒精 110 吨，自疫情防控工作部署以来已向防疫一线供应消毒用酒精 2000 余吨，极大缓解了一线防疫的物资需求。

典型意义

本案是充分发挥司法职能，帮助困境企业恢复生产经营能力的典型案件。法院批准企业在重整期间进行试生产，全力保障尚具潜质企业破茧重生，使得破产重整与企业试生产同步进行，保证破产重整无缝衔接、平稳过渡。

在监督期内，法院根据疫情防控需要深入企业，为企业复工生产排忧解难，体现了人民法院在疫情防控期间的司法担当，为辖区民营企业，特别是中小企业的发展营造了高效优质营商环境，用精准的司法服务为企业复工复产提供司法保障。

案例 7：四川西南医用设备有限公司执转破案

案情简介

四川西南医用设备有限公司（下称西南公司）是一家集医用 X 射线机开发、生产、销售、售后服务和咨询的专业化企业。2014 年以来，受市场变化和集团整体亏损影响，西南公司生产经营陷入困难，直接负债约 7.6 亿元，并为约 4.5 亿元债权提供担保，已知各类债权人 300 余户。

西南公司在被强制执行过程中，主动向法院申请“执转破”，四川省成都高新技术产业开发区人民法院从全体债权人公平受偿角度出发，及时移送审查，并于 2019 年 9 月受理了西南公司的破产申请，将公司纳入破产保护。新冠疫情暴发后，某省外企业希望借用西南公司无尘车间生产防护口罩，同时医用X射线机市场也持续活跃。

法院综合研判疫情防控下该项合作的必要性和可行性，以及复工复产对吸引潜在投资方重整企业的积极影响后，于2月3日西南公司提出申请当日，书面批复同意以有偿提供无尘车间形式合作生产防护口罩，并恢复其医用X射线的生产经营。复产至今，西南公司已累计生产防护口罩230余万只，还有近100万元医用X射线机海外订单正在洽谈中。因复工复产的积极影响，目前已有两家意向投资方向西南公司管理人提出参与重整意向和投资方案。

典型意义

本案是充分利用“执转破”机制对企业进行破产保护，并通过维持生产经营，为困境企业重生创造条件的典型案例。法院通过启动“执转破”工作机制，将符合破产原因的企业及时从个别执行程序转入破产程序，既有助于切实解决执行难问题，也有利于将困境企业及时纳入破产保护，运用停止计息等制度遏制债务恶性膨胀。

在西南公司进入破产程序后，法院摒弃“一破了之”的思想，精准识别破产原因，及时把握疫情期间防护物资供给紧张的时间窗口，从债权人利益最大化、债务人财产价值最大化、社会效果最大化出发，许可西南公司合作生产防护口罩，并继续医用X射线机的生产经营，为企业创造宝贵现金流，不但有效缓解本地医疗防护物资紧缺态势。而且提升了企业重整价值和可能性，成功吸引潜在投资方抛出“橄榄枝”，为下一步企业再生创造了积极条件。

案例 8：银京医疗科技（上海）股份有限公司清算案

案情简介

银京医疗科技（上海）股份有限公司（下称银京公司）成立于 1999 年 4 月 15 日，是一家主营医疗用品的企业。2018 年起，因企业内部管理问题以及上市失败，导致公司资金链断裂，大量债权人提起诉讼。因银京公司无法清偿到期债务，债权人向上海破产法庭申请银京公司破产清算。2019 年 8 月 13 日，上海破产法庭依法裁定受理该案，并指定了管理人。

银京公司虽进入破产清算程序，但该公司拥有医疗物资生产资质，且库存 35 万只口罩。新冠疫情暴发后，市场紧缺口罩等防疫物资，法院指导管理人按照重大财产处分要求，制定口罩紧急处置方案，并根据第一次债权人会议通过的"非现场会议表决机制"相关决议，迅速将该紧急处置方案通过电子邮件、电话、债权人微信群等方式送达各债权人。在限定时间内，未有债权人提出异议。

法院进一步指导管理人采取多渠道信息化途径公开发布了库存口罩的变卖信息。截至 1 月 23 日晚上 7 点，处置方案执行完毕。之后，法院继续加强指导管理人积极寻找合作方，利用银京公司医疗物资生产资质和流水线恢复生产，通过持续经营提高债务财产价值和债权清偿比例。

经多方联系，管理人与某公司就银京公司恢复口罩生产形成合作草案，并于 2 月 10 日提交债权人会议表决通过，法院及时予以批准。2 月 13 日，银京公司口罩生产线恢复，产量最高可达每月 500 万只。目前管理人仍在与合作方推进扩大生产，在现有的 2 条生产线的基础上，力争尽快增加新的生产线。

典型意义

本案是发挥破产法律制度价值，在充分保护债权人利益的基础上，依法为企业创造条件恢复生产的典型案例。法院结合企业的经营特点与生产资质，从有利于疫情防控、恢复企业活力出发，通过加强府院联动，充分发挥管理人作用寻找合作方，与债权人及债务人企业等各方利害关系主体进行沟通协调，使银京公司在 10 天内即引进第三方合作，恢复了口罩生产线，同时按照企业破产法司法解释三第十五条对重大资产处置要求，灵活运用第一次债权人会议表决通过的“非现场会议表决机制”，提交债权人会议表决口罩处置方案，既为疫情防控工作提供了支持，又提高了债务人的财产价值和债权清偿比例，充分体现了企业破产法律制度维持企业运营的价值功能，实现了债权人、债务人和社会防控的多方共赢。

第三批13个服务保障疫情防控期间复工复产民商事典型案例

案例1：吉林辽源市某消毒剂有限公司执行案

案情简介

辽源市某消毒剂有限公司是国家指定的东北三省唯一一家应急物资储备基地，在非典时期曾作出过突出贡献，但该企业在2016年间因要扩建等原因，外借资金不能及时偿还，引发多起诉讼和执行案件，相关财产被查封扣押冻结，生产经营一度陷入困境。2020年1月25日，国家工业和信息化部向辽源市下达通知，要求将新冠肺炎疫情防控所需物资火速支援武汉一线，并要求必须当天起运。辽源市政府接到命令后，第一时间深入到该消毒剂有限公司开展疫情防护物资调配和防控工作检查指导。

吉林省辽源市中级人民法院得悉后，立即派执行干警赶赴该公司，积极联系涉案申请执行人，经开展大量说服与和解工作，征得申请执行人理解同意后，将前期申请执行人运走的相关物资运回，企业当天就将5000套防护服准备就绪，并将26.1万只N95口罩紧急发往武汉疫情防控一线，成为首批运抵武汉的防护物资。同时，该消毒剂有限公司及时扩大口罩生产、按时完成任务，得到国家发展和改革委员会通报表扬。

2月13日，辽源市中级人民法院“暖企”措施再升级，直接派执行干警进驻公司，累计协调、帮助公司偿还债权人本金100余万元，同时暂缓对该公司厂房司法拍卖，并帮助将公司保留作为国家级实验基地。目前，该公司能够保障日产N95杯型口罩4000只、N95拱形口罩9000~10000只、平板型口罩1.3~1.4万只，通过组织开展正常生产经营活动，确保了疫情防控任务的顺利完成。

典型意义

本案的典型意义在于，正值新冠肺炎疫情防控期间，涉案企业同时承担着物资储备、生产经营等重要任务，案件诉讼主体和执行标的物均具有一定特殊性。人民法院不断强化大局意识，坚持善意文明执行理念，敢于担当、主动作为，灵活变更查封、拍卖和失信、限高等强制措施，在保障债权人合法权益的同时，坚持“生道执行”，在发挥司法社会职能和服务疫情防控大局的同时，穷尽措施盘活企业、助力企业发展，确保执行工作取得“多赢”效果，从而实现法律效果和社会效果的有机统一。

案例 2：上海某通用航空救援公司申请延期履行案

案情简介

某通用航空救援公司是一家专注于直升机航空救援的企业。近期，重要客户因故与其合作发生中断，导致公司经营困难，引发了多起经济纠纷。公司虽然多方筹措资金偿付欠款，但仍困难重重。此次疫情发生后，该公司接到湖北省应急管理部门任务指示，派遣机组人员至湖北武汉一线，多次运输护目镜、口罩、防护服、消毒水等紧急医疗防护物资前往武汉、黄冈、鄂州、随州等地，参与当地抗疫物资救援。由于疫情防控工作紧急，对于法院受理的 12 起欠薪执行案件，公司准备申请延期履行。

为此，上海市奉贤区人民法院启动绿色通道，全面摸排案情，与被执行人联系，核实案件具体情况。被执行人向法院提交《延期履行执行通知申请书》及参与疫情防控的相关文件。因其肩负保障疫情运输物资的重要使命，申请在疫情防控特殊时期内，延缓采取执行措施。执行法官与申请执行人逐一电话联系，做好和解工作，经过充分沟通，促成当事人达成执行和解，并通过“云端”系统在线签署公司延期履行的和解协议。嗣后，该公司按照和解协议履行，执行法院也及时将案款发放给各申请执行人，该批案件顺利得到解决。

典型意义

疫情防控期间，人民法院注重强化善意文明执行，提升执行工作的规范化和精准化，保障防疫物资生产企业正常经营。本案中，面对十万火急的抗疫物资运输任务，法院充分运用善意文明执行理念，促成双方当事人达成执行和解，实现了抗击疫情与保障民生两不误。

案例 3：北京博某生物科技有限公司进出口代理合同纠纷执行案

案情简介

博某生物科技有限公司是一家从事生产医疗器械、体外诊断试剂、基因和生命科学仪器的公司。2016 年 6 月，建某公司与博某公司签署《代理进口合同》，后因博某公司到期未支付货款，建某公司将其诉至法院。经法院判决，博某公司须支付货款、违约金及其他费用近 300 万元，案件由北京市第四中级人民法院强制执行。执行过程中，北京市第四中级人民法院对博某公司银行账户进行了额度冻结。

疫情发生后，法院了解到博某公司生产的检测试剂被列入中关村“首批抗击疫情的新技术新产品新服务清单”，急需扩大生产投入疫情防控，需要法院解除对该公司账户的冻结。执行法院立即对案件进行研判，结合案件事实与当时疫情，组织双方当事人通过云审判系统进行和解，并最终力促双方达成和解协议，建某公司减免了博某公司部分违约金，法院依法免除了执行费用。和解当日，在博某公司支付建某公司 203 万余元案款后，法院立即将其账户予以解冻，此案圆满执结，被执行人博某公司顺利复工复产。

典型意义

人民法院全面贯彻善意执行理念，从疫情防控大局出发，仅用不到48小时即促成了双方握手言和，申请执行人合法权益得以实现，被执行人也顺利复工复产，积极投入到防疫物资生产中，实现了“多赢”。

案例4：福建莆田某房地产公司系列执行案

案情简介

福建省莆田市某房地产开发有限公司作为被执行人共涉执行案件33件，标的7亿余元。该系列案于2019年陆续进入执行程序。经查，该公司可供执行的财产仅有其名下位于莆田市荔城区黄石青山片区的房地产项目和位于莆田市荔城区黄石镇七境村的房地产项目，但均因资金链断裂导致工程烂尾。而涉案土地被执行人在取得土地使用权两年未动工开发，已构成土地闲置。在财产处置陷入僵局的同时，又恰逢新冠肺炎疫情。

福建省莆田市中级人民法院迎难而上、稳扎稳打、步步为营，智慧“战疫”，经克服重重困难，顺利在2020年新年伊始，将该项目以36618.128万元拍卖成功。接着，又通过见“网”如面、“隔空”协调等方式，及时为竞买人解决筹款困难，并有效促成了396户网签户与买受人福建某房地产公司达成和解协议，取得了金融风险得以化解、购房户安居乐业、工人工资得以支付、企业得以复工复产、政府税费得以保障“五赢”的社会效果。

典型意义

人民法院按照“依法拍卖，引资盘活，实现共赢”的工作思路，在疫情面前启动“云”执行模式，协调促成金融部门为买受人转贷与续贷。同时给予竞买人合理缓冲期，既缓解买受人资金压力，又保证拍卖款全部到位。坚持“云上”发放案款，及时保证复工复产，拍卖款到位后三日内即依法发放。其中2家金融机构回笼资金1.9亿元，7家企业回笼资金5900万元。该项目的成功拍卖既解决了390多户网签户的信访问题，也有效缓解了当地财政紧缺的问题，得到了各界的充分肯定，充分展示了“移动执行”“生道执行”的新形象。

案例5：湖北荆州某水业有限公司执行案

案情简介

被执行人荆州某水业有限公司是湖北省荆州市一家大型工业及生活污水处理企业，承担着荆州国家级经济开发区化工污水及周边30万居民生活污水的处理任务。公司在建设和扩大规模的过程中遭遇资金链断裂。后经中国国际贸易仲裁委员会仲裁，荆州某水业有限公司须偿还债权人湖南某投资有限责任公司债务本息及各项费用共计4000余万元。

执行过程中，经湖北省荆州市中级人民法院调查，荆州某水业公司当时已面临严重的经营困境，除固定资产外，并无其他可供执行财产。如果再贸然查封其银行账户、拍卖公司资产，公司将无法保障基本运转，荆州开发区化工污水及城南开发区30万居民的生活污水的处理都将受到影响，于企业生存、污水处理及城市环境都将造成严重的影响。

荆州市中级人民法院、荆州开发区管委会经多次研究确定了“推动某水业特许经营权转让、争取以执行和解方式结案为优先方案、法院强制执行某水业资产作为备选方案”的执行策略。2020 年 1 月 13 日，案件双方当事人在荆州市中级人民法院的主持下，终于达成了执行和解协议。此后，疫情日重，执行人员坚持跟踪沟通、及时督促，被执行人某水业公司最终于 2020 年 1 月 23 日将大部分执行款汇入法院执行账户；2020 年 3 月 21 日，也将剩余尾款全部缴纳完毕。法院同时解除了此前对被执行人采取的系列执行措施，全案执行完毕，各方当事人非常满意。

典型意义

人民法院在执行过程中没有机械采取查封、扣押、冻结措施，而是在依法保障申请执行人权益的前提下，对被执行企业坚持“保障生产、依法执行”的原则，尽可能减少对企业正常生产经营的不利影响，尽可能采取执行和解等执行方式，维持一定的经营资产，帮助其逐步恢复清偿能力，较好地体现了执行工作中善意文明执行的理念；同时，该案又是在地方党委、政府多方统筹协调下，取得了案结事了、城市污水处理不受影响的多赢效果，充分展现了“党委领导、政府支持、法院主办、社会配合”执行工作大格局在破解执行难方面的机制优势。该案经过前期多方统筹、反复协调，疫情期间坚持协同不松懈，最终在疫情期间顺利执结，有力保障了被执行人企业及整个工业园区复工复产的有序推进。

案例 6：广东华某国际商业保理（深圳）公司执行案

案情简介

2017 年 4 月，因湖南省某县人民医院、某医药公司未按照《药品购销合同》约定向华某国际商业保理（深圳）公司支付账款，华某公司将二者诉至广东省深圳市前海合作区人民法院，请求二者支付应收账款人民币4000多万元和利息。经法院调解，医院支付了部分账款。2019年2月，经前海合作区人民法院再次调解，确认某县医院和医药公司应分期向华某公司再支付货款2800余万元。医院在履行2015万元后，未按期偿还剩余款项。2020年1月，华某公司向前海合作区人民法院申请强制执行，请求被执行人某县医院和医药公司偿还剩余货款842.5万元。

此时恰是新冠肺炎疫情暴发初期，两被执行人因主体特殊，引起了前海合作区人民法院的关注。经了解，医院表示其一直按调解协议履行义务，但突如其来的疫情打乱了还款计划，作为当地唯一定点救治医院，该院已动用全部资源抗击疫情，不仅无暇、也暂时无法筹措到充足的偿债资金。医药公司也因投入大量资金采供抗疫物资，陷入资金周转困境。二被执行人都请求延缓执行。前海合作区人民法院根据上述情况，立即组织双方当事人线上协商，双方互谅互让，达成执行和解协议，华某公司减免医院违约金112.5万元，医院和医药公司延期支付剩余欠款。

典型意义

医院作为抗疫主战场，在维护人民群众生命安全和身体健康方面发挥着不可替代的重要作用。本案中医院和医药公司并非拒不履行，而是面对突如其来的疫情战争暂时无法履行。人民法院坚持特事特办，审慎采取执行措施，积极促成和解，既保护了债权人合法权益，又全力支持医院抗击疫情，为打赢疫情防控阻击战、总体战提供了有力司法保障。

案例 7：浙江某健身俱乐部房屋租赁合同纠纷执行案

案情简介

杭州某健身俱乐部是一家连锁经营公司，在杭州地区健身行业有一定的知名度，实行会员充值消费模式，现有会员三万多名。2019 年 10 月，健身俱乐部因房屋租赁合同纠纷被杭州余杭某房地产开发公司诉至浙江省杭州市余杭区人民法院，后双方达成调解，健身俱乐部分期支付租金等费用约 350 万元。2020 年 1 月，因为健身俱乐部未按照调解协议按期支付当期租金，该房地产公司申请强制执行。恰逢疫情暴发，健身俱乐部停业，没有任何营业收入。该房地产公司要求解除租赁合同，收回租赁场地，健身俱乐部复工复产遇到重大障碍。

杭州市余杭区人民法院随即走访该房地产公司与健身俱乐部，获悉在疫情发生前，健身俱乐部积极履行，已支付前 2 期租金 130 万元，部分会员从其他渠道获悉健身俱乐部有“官司缠身”，经常相约去俱乐部询问了解情况，更有会员要求退会员费，给社会稳定造成一定隐患，一定程度影响了疫情防控。

杭州市余杭区人民法院第一时间组织双方协商，从被执行人履行主动性和疫情不可抗力出发，分析“竭泽而渔”可能“两败俱伤”，从维护社会稳定、承担社会责任、共克时艰等方面讲道理，最终，促成双方达成执行和解，某房地产公司同意延期付款，继续提供租赁场地，同意法院不对健身俱乐部采取失信、限高措施，为其复工经营排除障碍。目前，健身俱乐部已正常营业，某房地产公司的租金利益、会员权益有了保障。

典型意义

助力企业复工复产，努力把损失降至最低，修复利益“失衡”，稳定社会秩序，是当前发挥执行服务职能的首要任务。人民法院坚持“两手都要硬、两战都要赢”，综合考虑被执行人既往履行记录和履行意愿，平衡双方当事人权益，兼顾相关主体合法利益，实现多方共赢，为依法防控疫情、保障社会安定、促进经济发展提供强有力的司法服务。

案例 8：贵州某路面有限公司买卖合同纠纷执行案

案情简介

贵州某建材有限公司与贵州某路面有限公司买卖合同纠纷一案，经贵州省贵阳市白云区人民法院调解，调解书确认：贵州某路面有限公司分期偿还货款 33.6 万元。因某路面有限公司未履行生效法律文书确定的义务，某建材有限公司于 2020 年 1 月向贵阳市白云区法院申请执行。

执行过程中，白云区人民法院本着善意执行理念，审慎选择影响最小的执行措施推进案件执行，在冻结被执行人某路面有限公司银行账户存款 26.61 万元后，了解到某路面有限公司被冻结的存款计划用途是发放农民工工资、支付部分工程款，账户被冻结后公司生产受到影响，执行法院加大了调解力度，积极促进双方自愿和解。

经执行法院多次反复做工作，双方当事人自愿达成和解，在达成上述执行和解当天，法院解除了对被执行人银行账户的冻结，被执行人迅速兑现了农民工工资，恢复了路面工程现场施工。2020 年 3 月 3 日，被执行人某路面有限公司主动向申请执行人履行调解书所确定的全部债务，法院解除对被执行人担保财产的查封。至此，某建材有限公司申请执行的案件全额执行完毕，双方对法院的执行工作均表示满意。

典型意义

本案典型意义在于，人民法院考虑到申请执行人、被执行人均是民营企业，根据被执行人企业的实际情况采取的执行措施，既有利于保障申请执行人债权实现，又最大限度地降低对被执行人企业生产经营的不利影响，避免了“杀鸡取卵”“竭泽而渔”，特别是在疫情防控期间，人民法院灵活变通执行措施，公平高效实现申请执行人的债权，善意执行之举帮助企业渡过难关，实现在新冠肺炎疫情防控期间复工复产的“双赢”。

案例 9：辽宁建平县某热力有限公司执行案

案情简介

辽宁建平县某热力有限公司是建平县一家热力生产与供应公司，经营范围包括热力生产与供应、煤炭购销、保温工程施工。2019 年，因某热力公司欠付毛某某煤款 139 万，法院依法判决某热力公司承担煤款给付责任。因热力公司未能在法定期限内支付货款，2020 年，毛某某向辽宁省建平县人民法院申请强制执行。

进入执行程序后，执行人员研究认为，疫情防控期间，采取强制执行措施并不利于企业复工复产，对冬季供暖工作也会造成一定影响。经法院主持调解，双方达成执行和解协议，约定货款分期付清。法院依法准许并解除对被执行人某热力公司银行账户的冻结措施。

典型意义

新冠肺炎疫情期间，部分中小民营企业面临资金链断裂、员工发不出工资、企业面临破产等问题。鉴于供暖季某热力公司的正常复工对民生有重要影响，如果直接冻结账户将不利于其复工复产。为此，人民法院依法促成双方当事人尽快达成执行和解协议。对被执行人而言，调解后可以尽快解除查封、及时向员工发放工资、缴纳税款和社保、保障物资生产、确保复工复产回笼资金，保障地方供暖需要；对申请执行人而言，被执行人只有尽快复工复产才能保证其及时收到货款，实现双赢。

案例 10：黑龙江王某某、姜某某借款合同纠纷执行案

案情简介

王某某、姜某某共同经营一家大型养猪场，为扩大生猪养殖规模，二人先后向刘某、白某某借款 134 万元，后因未偿还全部借款，刘某、白某某将二人诉至黑龙江省鸡东县人民法院。判决生效后，因二人不履行法律义务，刘某、白某某向法院申请强制执行。案件在执行过程中，法院积极促成双方自愿达成了分期履行和解协议。但随着疫情的发生，申请执行人担心被执行人无法按期履行和解协议，遂要求法院依法拍卖养猪场。

鸡东县人民法院经过分析研判，认为疫情期间难以进行正常的生猪屠宰及运输，若强行启动司法拍卖，容易造成财产价值大幅贬损，将会对双方当事人造成不可弥补的经济损失，还可能对疫情期间猪肉市场稳定造成影响，决定再次促成双方和解。经过反复多次沟通，申请执行人同意待疫情结束后启动执行，被执行人承诺疫情结束后立即履行全部义务，双方再次达成了执行和解。

典型意义

本案的典型意义在于，人民法院在执行过程中考虑到被执行人经营的是一家大型生猪养殖场，若在疫情期间强行启动评估拍卖程序，不仅会造成养猪场无法正常生产经营，申请执行人面临无法实现全部债权的风

险，还可能对当地猪肉市场供应及猪肉价格稳定造成消极影响。人民法院主动服务大局，着眼执行的长远效果，既维护了双方当事人的合法权益，充分体现了善意文明的执行理念，还对维护疫情期间市场稳定发挥了积极作用。

案例 11：四川某纺织有限责任公司金融借款合同纠纷执行案

案情简介

申请执行人某银行成都双流支行因其与某纺织有限责任公司等金融借款合同纠纷一案，该支行于 2020 年 1 月 15 日向四川省成都市双流区人民法院申请强制执行，四川省成都市双流区人民法院依法对被执行人财产进行了查封，其中冻结被执行人之一的某纺织有限责任公司及其法定代表人、股东银行存款 50 余万元。该纺织有限责任公司成立于 2003 年，是一家长期为生产口罩、医用纱布等下游企业提供优质棉纱的规模以上工业企业。

新冠肺炎疫情发生后，口罩需求量剧增，与该纺织有限责任公司长期合作的口罩、医用纱布生产企业急需其提供的棉纱进行防疫物资生产，但因资金冻结，该纺织有限责任公司采购、销售工作无法正常进行，影响了棉纱的及时供应。

2 月 19 日，双流区人民法院了解该案情况后，为充分保障疫情防控物资生产和储备，迅速与申请执行人某银行成都双流支行联系，经与申请执行人、被执行人沟通，双方协商一致达成和解。2 月 20 日，由于银行盖章申请流程较慢，双流区人民法院秉承特事特办、从快处置原则，与申请执行人电话沟通，申请执行人同意解除保全措施，并形成电话笔录，双流区人民法院依法快速进行解封。目前该企业已恢复正常生产。

典型意义

因被执行人系为生产口罩企业提供棉纱等重要物资的上游企业，为及时帮助企业恢复生产，人民法院高度重视，及时回应抗疫一线企业的迫切需求，组织申请执行人及被执行人沟通协调，为双方达成和解提供了便捷、快速、高效的司法服务，最终，双方在协商一致的情况下达成了执行和解，充分保障了抗疫一线的物资供应。

案例 12：北京中某实业集团有限公司执行案

案情简介

该案判决确定双方互负义务，中某实业公司应向某电子科技公司支付货款，某电子科技公司需向中某公司交付设备。疫情发生后，被执行人中某公司的 1 万余名安保人员承担了北京、武汉等多地的地铁安检和航空安保工作。因法院在案件执行中依法冻结了该公司的基本账户，导致安保人员工资无法正常发放。

北京市朝阳区人民法院积极开展执行调查，并通过北京法院“云法庭”组织双方当事人谈话，推进执行和解。经过反复劝说和多次协商，最终双方当事人达成一致意见，约定被执行人先期给付申请执行人货款 1000 万元，通过法院扣划领取，后续 1000 万元分两期支付，待货款给付完毕且疫情结束后，申请执行人将线下向被执行人交付涉案机器设备。与此同时，申请执行人同意法院解除对被执行人银行基本账户的冻结，并由被执行人的法定代表人提供个人名下一套位于海口的房产作为担保。

双方签署和解协议后，朝阳区人民法院当即通过网络扣划将 1000 万元案款先行发放给申请执行人；通过人民法院执行指挥中心执行事项委托系统，委托海南省海口市龙华区人民法院对担保房产进行了查封，随后对被执行人的基本账户进行解冻。

典型意义

人民法院从疫情防护大局和善意文明执行的角度出发，在最大程度维护申请执行人合法权益的基础上，巧用执行和解维护疫情防控企业的生产经营和正常运转，让投身抗疫工作的安保人员工资发放有所保障，消除了他们的后顾之忧。本案的成功和解，是法院依法发挥司法职能作用保障疫情防控期间企业复工复产的生动体现。

案例 13：湖北徐某某、葛某某借款合同纠纷执行案

案情简介

2018 年 6 月 7 日，徐某某、葛某某夫妻以资金周转为由，向陶某借款 100 万元，双方约定借款月利率 20‰，借款期限 6 个月。后因徐某某、葛某某未按期限还款，陶某起诉至湖北省襄阳市襄州区人民法院。经调解，双方自愿达成调解协议。因徐某某、葛某某未按调解书确定的期限履行还款义务，陶某向该院申请强制执行。执行过程中，依法扣押了被执行人徐某某所有的重型罐式半挂牵引车一辆。后徐某某夫妻履行了 40 余万元执行款，余款仍未履行。2020 年 2 月 13 日，被执行人徐某某接到襄阳市高新区疫情防控指挥部采购防疫酒精的委托，徐某某遂向该院申请解除车辆扣押，让罐车进行酒精运输。

襄州区人民法院鉴于疫情防控的严峻形势，经与高新区疫情防控指挥部核实情况后，立即决定特事特办，为了能够让该酒精罐车早日驶上战

"疫"一线，执行员迅速启动网上办案模式，经过多次与双方沟通协调，于 2 月 14 日促成双方达成了执行和解协议。申请执行人陶某同意解除对罐车的扣押，全力支持保障疫情防控工作。

典型意义

本案扣押的车辆是专业运输酒精车辆，若在平时只是正常的执行措施，但在突发新冠肺炎疫情的特殊时期，该车辆已经转化为特种设备。为全力抗击新冠肺炎疫情，防止疫情扩散蔓延，维护人民群众的生命安全和身体健康，人民法院疫情防控协作意识强，对案件涉及承担疫情防控任务的单位人员和设备，特事特办，迅速启动网上办案新模式，为支持打赢疫情防控阻击战提供了有力的司法保障和优质的法律服务，贡献了法院智慧和力量。

三、依法惩处涉医犯罪典型案例（8 个）

案例 1：员明军故意杀人案

基本案情

被告人员明军，男，汉族，1976 年 5 月 20 日出生，务工人员。

2017 年 2 月 9 日，被告人员明军到甘肃省兰州市五洲皮肤病医院治疗其鼻根两侧暗褐色沉着斑，该院皮肤科主任张某（被害人，女，殁年 35 岁）对其进行了色素分离、表浅电解术等治疗。一个疗程结束后，员明军自认为疗效不好并对其造成烧烫伤，要求医院赔偿并扬言报复。后由医疗纠纷人民调解委员会等进行调解，因员明军无端索要高额赔偿而未果。同年 12 月，员明军决意报复张某，并购买了作案工具尖刀、菜刀。2018 年 1 月 22 日 14 时 20 分许，员明军携带刀具闯入五洲皮肤病医院张某的办公室，将门反锁，持尖刀朝张某胸背部等处连刺十余刀，在张某倒地后又持菜刀连续砍击张某颈部等处，致张某颈内外动脉、颈内静脉断裂及左肺静脉、双肺破裂大失血死亡。员明军作案后明知有人报警而在现场等候公安人员。

裁判结果

本案由甘肃省兰州市中级人民法院一审，甘肃省高级人民法院二审。最高人民法院对本案进行了死刑复核。

法院认为，被告人员明军故意非法剥夺他人生命，其行为已构成故意杀人罪。员明军不能正确认识治疗效果，在索要高额赔偿未得到满足后蓄意报复，到医生办公室持尖刀、菜刀连续捅刺、砍击医生致死，犯罪情节恶劣，手段特别残忍，罪行极其严重，应依法惩处。员明军虽有自首情节，但综合其犯罪的事实、性质、情节和社会危害程度，不足以对其从轻处罚。据此，依法对被告人员明军判处并核准死刑，剥夺政治权利终身。

罪犯员明军已于2020年5月9日被依法执行死刑。

典型意义

医学是复杂的生命科学，诊疗方案是医生基于医学知识作出的专业判断，患者对治疗效果要理性对待，不能仅因自认为治疗效果不佳就迁怒于医生甚至报复行凶。本案是一起患者因对治疗效果不满，经调解未果，报复杀害医生的典型案例。被告人员明军虽有自首情节，但其蓄意报复，在就诊近一年后携刀具到医生办公室连续捅刺、砍击医生致死，主观恶性深，罪行极其严重。人民法院依法对员明军判处死刑，体现了对此类犯罪的严惩。

案例2：孙文斌故意杀人案

基本案情

被告人孙文斌，男，汉族，1964年12月23日出生，无业。

2019年11月12日，被告人孙文斌之母（95岁）因患哮喘、心脏病、脑梗死后遗症等疾病到北京市第一中西医结合医院住院治疗，同月22日出院。其间，医院曾下达病危病重通知书。同年12月4日，因孙母在家中不能正常进食，孙文斌联系999急救车将孙母送至北京市民航总医院。孙母经急诊诊治未见好转，被留院观察。孙文斌认为孙母的病情未好转与首诊医生杨某（被害人，女，殁年 51 岁）的诊治有关，遂对杨某怀恨在心。同月 8 日，孙文斌返回其暂住地取了一把尖刀随身携带，扬言要报复杨某，并多次拒绝医院对孙母做进一步检查和治疗。同月 24 日 6 时许，杨某在急诊科抢救室护士站向孙文斌介绍孙母的病情时，孙文斌突然从腰间拔出尖刀，当众持刀反复切割杨某颈部致杨某倒地，后又不顾他人阻拦，再次持刀捅刺杨某颈部，致杨某颈髓横断合并创伤失血性休克死亡。孙文斌作案后用手机拨打 110 报警投案。

裁判结果

本案由北京市第三中级人民法院一审，北京市高级人民法院二审。最高人民法院对本案进行了死刑复核。

法院认为，被告人孙文斌故意非法剥夺他人生命，其行为已构成故意杀人罪。孙文斌因母亲就医期间病情未见好转，归咎并迁怒于首诊医生杨某，事先准备尖刀，预谋报复杀人，并在医院急诊科当众持刀行凶，致杨某死亡，犯罪动机卑劣，手段特别残忍，性质极其恶劣，社会危害性极大，罪行极其严重，应依法惩处。孙文斌虽具有自首情节，但不足以对其从轻处罚。据此，依法对被告人孙文斌判处并核准死刑，剥夺政治权利终身。

罪犯孙文斌已于 2020 年 4 月 3 日被依法执行死刑。

典型意义

救死扶伤是医生的职责使命，但医学不是万能的，医疗效果并不总能满足患者和家属的期待。患者和家属首先应当积极配合医院进行治疗，同时也要正确认识病情和治疗效果，不能简单因病情未好转便归咎于医院和医生。本案是一起患者家属因患者病情未见好转而预谋报复杀害医生的典型案例，2019 年年底案发后产生巨大且恶劣的社会影响。被告人孙文斌在将其年迈并患有多种严重疾病的母亲送到医院治疗期间，多次拒绝医院对其母进行检查和治疗，却认为其母病情未见好转与首诊医生的诊治有关，经预谋后在医院当众杀害首诊医生，犯罪性质极其恶劣，手段特别残忍，罪行极其严重。人民法院依法对孙文斌判处死刑，体现了坚决惩治暴力杀医犯罪的严正立场。

案例 3：柯金山寻衅滋事案

基本案情

被告人柯金山，男，汉族，1979 年 1 月 15 日出生，务工人员。

2020 年 1 月 27 日，被告人柯金山的岳父田某因疑似新型冠状病毒肺炎入住湖北省武汉市第四医院（西区）就医。同月 29 日上午，柯金山等家属因田某转院问题与医院发生矛盾。当日 21 时 40 分许，田某病情危急，家属呼叫隔离区护士，护士查看后通知隔离区外的值班医生高某。其间，柯金山大喊大叫、拍打物品。高某进入隔离区时见患者家属情绪激动，遂返回办公室向主任报告，同时通过电脑下医嘱，安排护士对田某进行抢救。田某因肺部感染致呼吸衰竭经抢救无效死亡。次日零时许，柯金山及田某的女儿因对医生处置方式不满，在隔离区护士站对高某进行质问。其间，柯金山殴打高某，田某的女儿上前抓挠、撕扯高某防护服。在高某返回医生办公室途中，柯金山和田某的女儿继续拦截、追打，致高某防护服、口罩、护目镜等被撕破、脱落，头面部及左肘受伤、左尺骨轻微骨折、左脚韧带及全身多处软组织损伤，构成轻微伤。公安机关接报警后到现场将柯金山抓获。高某因被隔离无法正常工作，经检测排除感染新型冠状病毒肺炎。

裁判结果

本案由湖北省武汉市硚口区人民法院审理。

法院认为，被告人柯金山在疫情防控期间，为发泄不满情绪，伙同他人在隔离病区内撕扯医生防护服、殴打医生致轻微伤，并使医生处于感染新型冠状病毒肺炎的风险之中，情节恶劣，其行为已构成寻衅滋事罪，应依法惩处。柯金山归案后如实供述自己的罪行，且认罪认罚，可从轻处罚。据此，依法对被告人柯金山判处有期徒刑八个月。

宣判后，在法定期限内没有上诉、抗诉，上述判决已于 2020 年 4 月 23 日发生法律效力。

典型意义

本案是一起在疫情防控非常时期，发生在疫情暴发区湖北省武汉市的伤医案例。被告人柯金山等患者家属为发泄不满情绪，在医院隔离区殴打医生致轻微伤，并损坏其防护用具，致使医生因隔离观察无法正常从事诊疗工作。人民法院综合考虑柯金山犯罪的事实、性质、后果及如实供述、认罪认罚等情节，对其依法判处刑罚。

案例 4：李苏颖寻衅滋事案

基本案情

被告人李苏颖，女，汉族，1977 年 4 月 21 日出生，务工人员。

2020 年 1 月 26 日 16 时 30 分许，被告人李苏颖在广东省广州医科大学附属第一医院（新冠肺炎定点收治医院）住院部西五病区肾内科走廊，从护士站外的治疗车上拿了一支带针头的注射器进入护士站，走到正在工作的护士张某身后，用左手勒住张某的脖子、右手持注射器针头抵住张某右颈部，以要面见专家反映新冠肺炎情况为由挟持张某，致张某右颈部皮肤损伤。经医务人员反复劝说至17时许，李苏颖松开左手，张某趁机脱离挟持。后李苏颖被公安人员带离现场。

裁判结果

本案由广东省广州市越秀区人民法院审理。

法院认为，被告人李苏颖于新冠肺炎疫情防控期间在定点收治医院用注射器挟持、恐吓医护人员，持续时间长，致医护人员受伤，且严重影响医院的正常工作秩序，应以寻衅滋事罪从重处罚。鉴于李苏颖归案后如实供述自己的罪行，且认罪认罚，可从轻处罚。据此，依法对被告人李苏颖判处有期徒刑一年。

宣判后，在法定期限内没有上诉、抗诉，上述判决已于2020年4月14日发生法律效力。

典型意义

本案是又一起疫情防控期间发生在新冠肺炎定点收治医院的伤医扰序案例。被告人李苏颖无端滋事，以面见专家反映疫情为由，在医院护士站持注射器挟持、恐吓正在工作的护士，给被害人造成身心伤害，并严重影响医院的正常医疗秩序。人民法院综合考虑李苏颖犯罪的事实、性质、后果及认罪认罚等情节，依法对其判处有期徒刑一年，体现了对此类犯罪的严惩。

案例 5：李广伟寻衅滋事案

基本案情

被告人李广伟，男，汉族，1981 年 6 月 30 日出生，无业。2002 年 10 月 28 日因犯盗窃罪被判处有期徒刑六个月，并处罚金人民币一千元。

2019 年 6 月 29 日，被告人李广伟在黑龙江省哈尔滨市松果口腔门诊就医，经检查后未同意医生马某提出的治疗方案。李广伟离开后认为马某为其检查时将其牙齿钩坏，遂返回该口腔门诊进行理论，并扬言要报复马某。后李广伟回家取一把尖刀再次返回该口腔门诊，寻找马某欲进行报复未果，此时看到医务人员于某，为泄愤用刀把砸于某头部数下，致于某轻微伤。于某挣脱后，李广伟在诊疗室看到医务人员栾某，又持刀捅刺栾某手臂数下，致栾某轻伤二级。李广伟继续持刀追逐他人，并将医务人员范某背部划伤，后离开现场。当日，李广伟被公安人员抓获。

裁判结果

本案由黑龙江省哈尔滨市南岗区人民法院审理。

法院认为，被告人李广伟为泄愤，在医疗机构持刀随意殴打、捅刺医务人员，致 1 人轻伤、1 人轻微伤，并造成医疗机构秩序混乱，情节恶劣，其行为已构成寻衅滋事罪。李广伟曾因犯罪被判刑，刑满释放后又犯罪，应依法惩处。李广伟虽认罪认罚，但综合其犯罪的事实、性质、情节和社会危害程度，不足以从轻处罚。据此，依法对被告人李广伟判处有期徒刑三年。

宣判后，在法定期限内没有上诉、抗诉，上述判决已于 2020 年 5 月 8 日发生法律效力。

典型意义

理性就医，遇矛盾加强沟通，是全社会积极倡导的正确就医理念，患者不能因对治疗或检查效果不满而动辄泄愤报复医务人员。本案是一起患者因报复诊治医生未果，为泄愤转而持刀随意殴打、捅刺其他医务人员致伤的案例。人民法院综合考虑被告人李广伟犯罪情节恶劣、后果较为严重且有犯罪前科等情节，依法对其判处有期徒刑三年，体现了对此类犯罪的严惩。

案例6：曹会勇寻衅滋事案

基本案情

被告人曹会勇，男，汉族，1983年6月15日出生，农民。2002年1月31日因犯故意伤害罪被判处有期徒刑三年；2009年5月14日因犯非法拘禁罪被判处拘役四个月；2014年11月4日因犯非法拘禁罪被判处有期徒刑八个月，2015年2月17日刑满释放。

2019年2月6日20时许，被告人曹会勇酒后送朋友到陕西省太白县县医院就诊。其间，曹会勇持挂号单到医院二楼找医生，无端与值班医生高某发生言语冲突，遂拿起听诊器扔向高某。高某躲开后，曹会勇又用拳头、手机击打高某的头面部，致高某鼻骨粉碎性骨折及其他多处损伤，构成轻伤二级。在场的值班护士韩某上前阻拦，曹会勇脚踢韩某。后其他医务人员将曹会勇拉开，曹会勇仍在楼道谩骂，引起住院病人及家属围观，直至公安人员赶到将曹会勇制服带走。

裁判结果

本案由陕西省太白县人民法院审理。

法院认为，被告人曹会勇酒后陪同朋友就医，随意殴打医生致轻伤，并脚踢上前阻拦的护士，谩骂医生，情节恶劣，其行为已构成寻衅滋事罪。曹会勇曾因犯罪被判处有期徒刑以上刑罚，在刑罚执行完毕后五年内又犯应判处有期徒刑以上刑罚之罪，系累犯，应依法从重处罚。曹会勇认罪认罚，并取得被害人谅解，可从轻处罚。据此，依法对被告人曹会勇判处有期徒刑二年。

宣判后，在法定期限内没有上诉、抗诉，上述判决已于 2019 年 10 月 29 日发生法律效力。

典型意义

近年来，出现多起患者或患者陪同人员酒后在医院滋事扰序、伤害医务人员的案件。本案就是一起患者陪同人员酒后滋事，随意殴打医生、护士致医生轻伤的案例。人民法院综合考虑被告人曹会勇有多次犯罪前科且系累犯及认罪认罚等情节，依法对其判处相应刑罚。

案例 7：李发才等故意伤害案

基本案情

被告人李发才，男，哈尼族，1996 年 1 月 12 日出生，务工人员。

被告人郭辉，男，哈尼族，1993 年 6 月 13 日出生，务工人员。

2018 年 6 月 24 日 22 时许，被告人郭辉、李发才等人陪同他人到云南省昆明市五三三医院急诊室就诊。值班医生詹某接诊后根据患者病情建议转院，郭辉、李发才等人对此不满，与詹某发生争执。后郭辉、李发才等人殴打詹某致轻伤二级。当日，郭辉、李发才被公安人员抓获。

裁判结果

本案由云南省昆明市盘龙区人民法院审理。

法院认为，被告人李发才、郭辉故意伤害他人身体健康，致人轻伤，其行为已构成故意伤害罪。李发才、郭辉伙同他人在医院殴打医生致轻伤，犯罪情节恶劣，后果严重。二人均当庭认罪，可从轻处罚。据此，依法对被告人李发才、郭辉分别判处有期徒刑一年。

宣判后，在法定期限内没有上诉、抗诉，上述判决已于2019年4月23日发生法律效力。

典型意义

医院急诊部门是发生医患冲突较为集中的科室。急诊与专科门诊的诊疗处置方式有一定差别，患者及其陪同人员如遇到问题应与医生理性沟通，而不是肆意拳脚相向。本案是一起患者陪同人员多人殴打医生的案例。人民法院综合考虑本案犯罪的事实、性质、后果和被告人李发才、郭辉当庭认罪等情节，依法对二人判处相应刑罚。

案例8：李红军等聚众扰乱社会秩序案

基本案情

被告人李红军，男，汉族，1968年12月16日出生，农民。

被告人李洪团，男，汉族，1979年1月2日出生，农民。

被告人黄昌青，男，汉族，1975年12月25日出生，农民。

被告人李红司，男，汉族，1972年12月16日出生，农民。

2018年2月20日中午，被告人李红军之子李某因饮酒过量被送至江苏省灌云县东王集镇卫生院救治，后经救治无效死亡。当日下午，李红军和被告人李洪团等人欲给卫生院施加压力，将李某尸体停放在该院观察室内。被告人李红司纠集庄邻、亲友等 50 余人至卫生院，滞留在观察室、输液室、大厅等处。当晚，李红司煽动庄邻等阻止公安人员执行公务。

同月 21 日上午，被告人李红司、黄昌青煽动他人推搡维持秩序的公安人员。被告人李红军、李洪团、李红司等人为给卫生院和政府施加更大压力，纠集更多人至卫生院，伙同黄昌青指使李某的同学用输液座椅堵住走道、拍摄视频在网络上发布。为造出更大声势和影响，李洪团经与李红军商议，携带煤气罐、汽油等危险品至卫生院门诊楼。当晚，李红军再次让李红司纠集更多庄邻至卫生院，后公安人员要求李红军等人将煤气罐、汽油等危险品运走，李红司、黄昌青煽动庄邻继续在卫生院闹事，拒不运走煤气罐、汽油等危险品。

同月 22 日，被告人李红军、李洪团、黄昌青、李红司等人采取封堵卫生院门诊楼大门、输液室、观察室、过道，辱骂、冲撞、投掷汽油瓶、向自己身上浇汽油欲自焚等方式，阻碍公安人员正常执行公务。当日 14 时许，李红军、李洪团、黄昌青等人被公安人员强制带离现场，李红司乘机逃离，后主动投案。因本案致上述卫生院门诊楼部分门窗、玻璃、输液座椅、监控设备等物品被损坏，维修费用共计 18 770 元，重新购置输液座椅 25 张（价值共计 24 830 元）。

裁判结果

本案由江苏省灌云县人民法院一审，江苏省连云港市中级人民法院二审。

法院认为，被告人李红军、李洪团、黄昌青、李红司聚众扰乱卫生院医疗秩序，情节严重，致使该院医疗工作无法正常进行，造成严重损失，其行为均已构成聚众扰乱社会秩序罪。李红军、李洪团系首要分子，黄昌青、李红司系积极参加者，均应依法惩处。李红司有自首情节，李红军、李洪团如实供述罪行，黄昌青当庭自愿认罪，均可从轻处罚。据此，对被告人李红军、李洪团分别判处有期徒刑三年；对被告人黄昌青判处有期徒刑一年六个月，缓刑二年；对被告人李红司判处有期徒刑一年三个月，缓刑一年六个月。

二审裁定已于 2019 年 6 月 26 日发生法律效力。

典型意义

患者医治无效死亡，悲痛者莫过于亲属。患者亲属如对医疗机构和医生的处置有分歧意见，应通过合法途径解决，而不是采取违规停尸、聚众围堵、损毁财物、妨害公务等行为对医疗机构和医务人员表达不满。这无助于解决问题，还会严重扰乱正常医疗秩序，影响其他患者的就诊权益。本案是一起情节严重的在卫生院聚众扰序的典型案例。患者因饮酒过量经送卫生院救治无效死亡，患者亲属纠集多人连续三天在卫生院聚众闹事，严重扰乱正常医疗秩序。人民法院依法对被告人李红军、李洪团分别判处有期徒刑三年，体现了对此类犯罪的严惩。

第三部分　附　录

人民法院依法服务保障统筹推进疫情防控和经济社会发展图示

1 制度保障

人民法院抗疫工作情况报告

- 疫情防控期间诉讼服务和申诉信访工作通告
- 依法惩治妨害疫情防控违法犯罪意见
- 疫情防控期间加强和规范在线诉讼工作通知
- 切实做好疫情期间审判执行工作通知
- 政法机关依法保障疫情防控期间复工复产意见
- 进一步加强国境卫生检疫工作依法惩治妨害国境卫生检疫违法犯罪意见
- 依法妥善审理涉疫情民事案件若干问题指导意见(一)(二)
- 依法妥善办理涉疫情执行案件若干问题指导意见

为抗疫护航
为大局服务

2 全国法院审理涉疫情案件情况

各级法院受理各类涉疫情案件**6328**件、审结**2736**件

通过执行、破产等程序保障医疗单位运行和防疫物资供应等案件**402**件

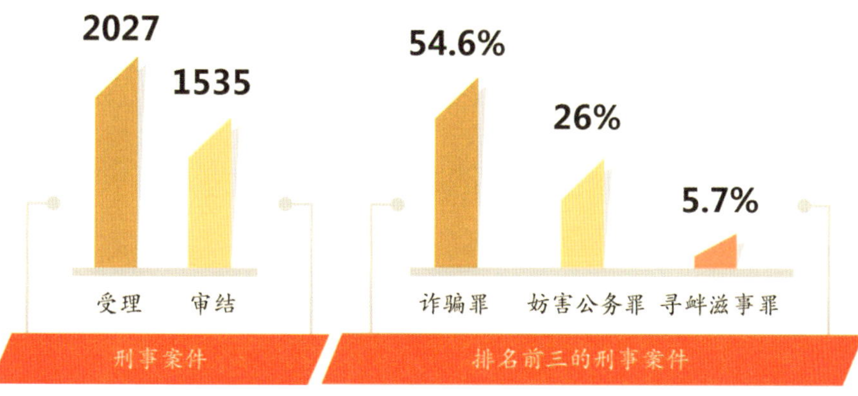

3 人民法院服务保障疫情防控和复工复产典型案例

依法惩处妨害疫情防控犯罪典型案例3批26个

服务保障疫情防控期间复工复产典型案例3批31个

依法惩处涉医犯罪典型案例8个

人民法院依法抗疫系列动漫

8场“抗疫前线 法治报道”全媒体直播

全景呈现司法助力统筹推进疫情防控和经济社会发展举措

4 服务保障常态化疫情防控和全面恢复经济社会秩序

精准服务“六稳”“六保”

- 依法严惩妨害疫情防控、复工复产和国境卫生检疫违法犯罪
- 准确适用不可抗力、诉讼时效等规则
- 加大产权和知识产权司法保护力度
- 坚持善意执行、文明执行
  - 🚫乱查封
  - 🚫超标的查封
- 依法纠正就业歧视行为
- 利用破产重整等程序帮助企业脱困重生
- 推进涉疫矛盾纠纷多元化解

5 充分运用智慧法院建设成果保障人民群众诉讼

注：以上数据统计期间为2020年2月3日至4月30日。

6 依法保护“最美逆行者”

关于做好疫情防控期间保障医务人员安全维护良好医疗秩序通知

依法严厉打击

- 暴力伤害医务人员
- 侮辱恐吓诽谤医务人员
- 故意撕扯医用防护装备
- 非法限制医务人员人身自由

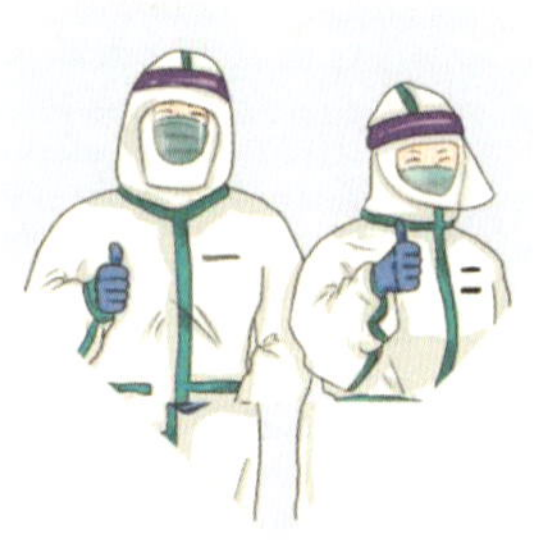

白衣执甲 逆行出征

7 各地法院抗疫举措

严惩防疫物资诈骗犯罪

严惩抗拒疫情防控措施犯罪

严惩破坏野生动物资源犯罪

纾解企业困难 保障复工复产

为坚决打赢疫情防控人民战争、总体战、阻击战提供有力司法服务和保障